Kursbuch 210
Im Vertrauen

Klimaneutral
Druckprodukt
ClimatePartner.com/12752-1803-1001

Zum Ausgleich für die entstandene CO₂-Emission bei der Produktion dieses Buches unterstützen wir den Betrieb eines Wasserkraftwerks im Virunga-Nationalpark im östlichen Kongo. Das Projekt trägt zum Klimaschutz bei, indem auf die Abholzung des tropischen Bergregenwaldes zur Holzkohlegewinnung verzichtet wird und der Lebensraum der letzten Berggorillas in freier Wildbahn erhalten bleibt. Der gewonnene Strom wird in das lokale Stromnetz eingespeist und dient als Alternative zur Holzkohle.

Das Kursbuch erscheint viermal im Jahr.
Das Heft kostet einzeln € 16,–
Das Jahresabo (4 Ausgaben) kostet € 52,–
Im Internet: https://kursbuch.online

Kursbuch Kulturstiftung gGmbH
Miramar-Haus, Schopenstehl 15, 20095 Hamburg
Tel.: 0 40/39 80 83-0
V.i.S.d.P.: Peter Felixberger
Verleger: Sven Murmann
© 2022 Kursbuch Kulturstiftung gGmbH, Hamburg

ISBN 978-3-96196-257-0
ISSN 0023-5652

Druck: Steinmeier GmbH & Co. KG, Deiningen
Printed in Germany

Zuschriften bitte per Mail an: kursbuch@kursbuch.online
Abonnenten-Service: abonnements@kursbuch.online
Pressevertrieb: PressUp GmbH, Wandsbeker Allee 1, 22041 Hamburg. www.pressup.de

Armin Nassehi
Editorial

Vertrauen ist gut, Kontrolle ist besser – dieser Satz wird Wladimir Iljitsch Lenin zugeschrieben (ausgerechnet!). Belege dafür gibt es nicht, also es lässt sich nicht kontrollieren, ob er wirklich von ihm stammt, müssen wir uns also dem Vertrauen anvertrauen, dass die Zitation einigermaßen stimmt. Kontrolle und Vertrauen gegenüberzustellen, ist zumindest nicht ganz unplausibel. Wer etwas kontrollieren kann, muss nicht vertrauen – heißt im Umkehrschluss: *Vertrauen* ist ein Mechanismus, der dann relevant wird, wenn Kontrolle ausfällt. Kontrolle wäre eine Metapher für vollständige Transparenz, für die komplette Durchschaubarkeit eines eigentlich kontingenten Prozesses, der auch anders ausgehen könnte. Dass an jedem Morgen die Sonne wieder aufgeht, ist genau genommen kein Gegenstand von Vertrauen – es sieht so aus, als würde das selbstverständlich geschehen und nicht durch unsere Handlungen beeinflussbar sein. Stellt man sich aber eine Kultur vor, in deren Mythen die Geschichte aufbewahrt wäre, dass die Sonne am nächsten Morgen nur aufgeht, wenn am Abend vorher ein ritueller Tanz aufgeführt wird, dann entsteht eine merkwürdige Mischung aus Kontrolle und Vertrauen. Einerseits wird der Tanz aussehen wie eine Technologie, was den Tänzern eine eigentümliche Macht verleiht. Andererseits muss es doch ein erhebliches Vertrauen in die Tänzer geben, dass sie jeden Abend den Tanz aufführen, um den Rest dieser Kultur nicht zu gefährden. Ein Großteil der sozialen Ordnung basiert auf solchen Tänzen.

Vertrauen und Kontrolle sind gut – aber darüber reden? Das ist nicht von Lenin, sondern ein originärer *Kursbuch*-Editorial-Satz. Schon die bloße Rede von der Kontrolle könnte Vertrauensprobleme verursachen – wird die Kontrolle wirklich richtig ausgeübt, von den richtigen Leuten und zum Behufe dessen, was wir erwarten? Aber auch die Rede vom Vertrauen ist riskant, denn wenn ich jemanden darauf hinweise, er könne mir getrost vertrauen, könnte der performative Gehalt dieses Hinweises von seinem propositionalen abweichen. Das »Vertraue mir!« verweist ja gerade darauf, dass die Dinge auch anders ausgehen könnten als gewünscht.

Vertrauen und Kontrolle sind zwar logische Antipoden – aber beide eint, dass ihre Thematisierung Störungen verursachen kann. Wirkliche (was immer das heißt) Kontrolle und wirkliches (was immer das heißt) Vertrauen wird es wohl eher durch Dethematisierung geben. Und das ist auch das, was unser Verhältnis zur Welt im Alltag ausmacht: Dieser Alltag funktioniert am besten, wenn wir nicht so genau hinsehen (müssen) und die Bedingungen dessen, was die Abläufe zusammenhält, nicht weiter thematisieren. Man kann das in Situationen beobachten, in denen Abläufe durch zu viel Information unterbrochen werden – durch Lektüre des Beipackzettels bei der Einnahme einer Arznei, durch die notwendige Unterschrift für die Einwilligung in die Anästhesie, durch Abschluss eines Vertrages, der das Handeln des Vertragspartners in einer unbekannten Zukunft binden soll, durch Lektüre von Flugunfallstatistiken kurz nach dem Abheben, durch Hinweis auf Kooperationsregeln in einem komplexen Verfahrensablauf, in dem man wechselseitig voneinander abhängig ist. Ein moderner, technisch, organisatorisch und von Handlungskoordination mit mir unbekannten Personen abhängiger Alltag setzt tatsächlich viele funktionierende Strukturen voraus, die am besten im Unsichtbaren bleiben. Vertrauen haben wir vor allem dann, wenn man nicht darauf hinweisen muss, wenn man nicht so genau hinschauen muss, wenn man auf vollständige Kontrolle verzichten kann – aber auch Kontrolle habe ich nur dann, wenn ich die Zweifel daran einklammern und moderieren kann, denn Kontrolle setzt eben auch Vertrauen voraus – in die Kontrollmechanismen oder in meine eigene Kontrollmacht.

Ein *Kursbuch* über Vertrauen in diesen Zeiten zu machen, liegt also nahe. Die Krisenfrequenz, die Infragestellung von Selbstverständlichkeiten, die unsichere Zukunft, die Notwendigkeit von alternativen Lösungen auf unterschiedlichsten Gebieten – all das setzt den Mechanismus des Vertrauens außer Kraft, der uns dazu bringt, nicht so genau hinsehen zu müssen. Selten gab es wohl Momente, in denen man so genau hinsehen muss wie gerade jetzt. Und wir sehen mit diesem *Kursbuch* genau hin. Insofern ist dieses *Kursbuch* selbst keine vertrauensbildende Maßnahme – das war es aber nie, weil wir stets genau hinschauen, vor allem auf die auf den ersten Blick selbstverständlichen Dinge. Und diesmal nicht auf Selbstverständliches, sondern noch deutlicher: auf den Mechanismus, wie Selbstverständlichkeiten, Vertrautes, Vertrauen überhaupt hergestellt werden.

Unser Gespräch mit Jan Philipp Reemtsma beginnt schon mit der Frage danach, wie und warum wir uns überhaupt auf die Straße trauen. Und es endet mit einer Szene, die sehr deutlich macht, wie sehr bisweilen der Kontrollverlust droht. Christopher Daase und Nicole Deitelhoff diskutieren in ihrem Beitrag, wie sich Vertrauen auf internationaler und suprastaatlicher Ebene herstellen lässt – aktueller geht es kaum. Christina von Braun zeigt, wie merkwürdig Vertrauen und Misstrauen jeweils Potenziale in ökonomischen Prozessen haben, und kommt in ihrem Beitrag dazu, dass man den Kapitalismus beziehungsweise das Wirtschaften nicht ohne seine kulturelle Einbettung (oder deren Fehlen) diskutieren kann. Lars Hochmann beobachtet, dass es in der Wirtschaft nicht mehr in erster Linie um Knappheitsmanagement geht (abgesehen von Verteilungs- und Allokationsfragen), sondern um Unsicherheitsmanagement. Gerade die Bearbeitung von Unsicherheit brauche eine vertrauensvolle Form wechselseitigen Vertrauens. Bei Rafaela Hillerbrand geht es um die Bedingungen des Vertrauens in Wissenschaft und Technik. Und mein eigener Beitrag beschäftigt sich mit einer dunklen Seite des Vertrauens: Wer nicht genau hinsieht und den Dingen vertraut, wie sie immer erschienen, wird schlicht blind.

Die sechs Intermezzi antworten diesmal auf die Frage: *Wo fängt Ihr Vertrauen an, und wo hört es auf?* Auch hier geht es um das Verhältnis von Vertrauen und Kontrolle. So berichtet der Pilot Tim Felix Uellendahl, wie abhängig die Sicherheit des Fluges von der Kooperation unterschiedlicher Personen ist, die sich zum Teil das erste Mal sehen, aber über Prozeduren der Kontrolle und der Kooperation Vertrauen aufbauen können. Der Astronaut Gerhard Thiele berichtet vom Vertrauen in die Technik – in dem Moment, in dem man letztlich nichts mehr wirklich kontrollieren kann. Ganz ähnlich argumentiert der Taucher Jon Flemming Olsen, der sich auf sein Equipment verlassen können muss. Die ehemalige Leistungssportlerin und heutige Polizistin Kathrin Klaas zeigt, wie im Rechtsstaat bei der Polizei genauer hingesehen wird – eine interessante Mischung von Transparenz und Vertrauen. Und schließlich beschreibt der Soziologe und Kletterer Josef Brüderl, wie sehr Erfahrung und Kooperation beim Klettern vertrauensbildende Mittel sind – und das gemeinsame Interesse: Das Vertrauen steigt, wenn man weiß, dass der andere schon aus egoistischen Motiven dasselbe Interesse an sorgfältiger Sicherheit/Sicherung haben muss wie man selbst. Das Intermezzo von Thorsten Schweinhardt ist besonders interessant. Er empfiehlt eindringlich, auf blindes Vertrauen zu verzichten, sondern stets den Fokus der Aufmerksamkeit darauf zu richten, wie der andere einzuschätzen ist, mit dem man zu tun hat. Blindes Vertrauen sei einfach zu brisant. Schweinhardt selbst ist blind.

Auch Grafiken sollte man nicht blind vertrauen. Jan Schwochows Beispiel zeigt diesmal, wie eine grafisch vertrauenerweckende Aufbereitung Scheinkorrelationen oder sogar -kausalitäten suggerieren kann. Das Beispiel ist der Zusammenhang von Margarineverbrauch und Scheidungsraten. Vielleicht sollten Ehepaare mehr Butter essen.

Berit Glanz' Islandtief zeigt diesmal, wie ein längst ausgestorbener Vogel auf Island auf gegenwärtige weltumspannende Markt- und Virenzirkulation verweisen kann. Und Peter Felixbergers FLXX-Kolumne ist diesmal eine Clässix-Edition, mit seinem Beitrag über den neuen Chefdiskurs aus unserem *Deutschland. Ein Drehbuch.*

Summa summarum gilt aber trotz allem: *Brüder und Schwestern, vertraut wenigstens dem Kursbuch!*

Jan Schwochow

EINE QUELLE, ZWEI GRAFIKEN

Vorsicht vor Scheinkorrelationen

In den digitalen Weiten des Internets gibt es unzählige Mengen an Daten und Informationen. Schon die Coronapandemie hat uns gelehrt, dass es selbst für Fachleute unglaublich schwierig ist, die vielen Quellen auszuwerten und vor allem zu bewerten. Bedenklich wird es dann, wenn sich Laien und allzu oft auch Journalisten bemühen, Zusammenhänge zwischen Daten herzustellen, die auf den zweiten Blick recht fragwürdig sind. Unser Leben ist sehr komplex, und es lassen sich inzwischen für alle Themen die entsprechenden Daten finden. Und wenn man, wie der Buchautor Tyler Vigen, sich genau das zum Ziel macht und Charts und Diagramme sucht, die nahezu denselben Verlauf haben, dann entstehen sogenannte Scheinkorrelationen.

Ein Chart aus seinem Buch habe ich für meine Kolumne in zwei Varianten umgebaut. Die linke Seite zeigt eine reißerische Variante. Ich verzichte auf exakte Beschriftungen. Die wenigen Informationen lassen uns wirklich glauben, dass sich der Verzehr von Margarine auf die Scheidungen auswirkt. Sobald also zwei unterschiedliche Diagramme übereinandergelegt werden, sollten Sie grundsätzlich misstrauisch werden, denn seriöse Infografiker machen genau das nicht!

Ich zeige deshalb auf der rechten Seite beide Charts getrennt voneinander, schneide die Nulllinie nicht ab, und schon sehen wir zwar einen ähnlichen Trend, aber keinen direkten grafischen Zusammenhang. Das unterstütze ich zusätzlich durch die Verwendung unterschiedlicher Diagrammtypen: Oben ist ein Liniendiagramm für die Scheidungsrate und unten ein Balkendiagramm für den Margarineverbrauch je Einwohner. Es zeigt wieder einmal mehr, welche große Meinungsmacht Grafiker und Journalisten haben.

Bei beiden Darstellungen sollte man stets die Quellenangaben nicht vergessen. Die Grafik auf der rechten Seite wirkt seriöser und transparenter. Sie geht mehr ins Detail und ermöglicht dem Leser, sich selbst eine Meinung zu bilden. Scheinkorrelationen kommen häufiger vor, als wir denken, und wir sollten unbedingt der Arbeit der Wissenschaftler*innen vertrauen, die sich mit ihrer Materie bestens auskennen und dafür ausgebildet sind, kausale Zusammenhänge in unterschiedlichen Datenquellen zu finden. Das verständliche und hübsche Aufbereiten der Grafiken sollten Sie allerdings den Grafik-Profis überlassen, wenn man in so manche wissenschaftliche Studie hineinschaut. ;-)

Scheidungsgrund Margarine

Mit einem verminderten Konsum von Margarine steigen die Scheidungsraten im amerikanischen Bundesstaat Maine.

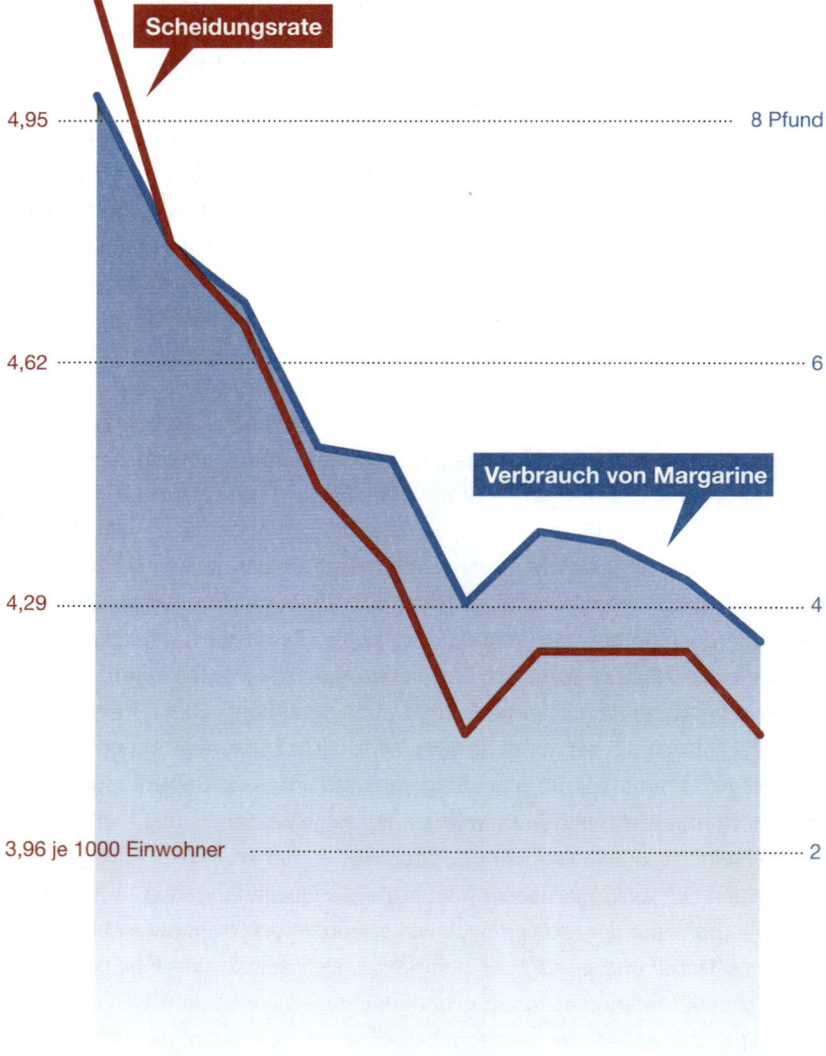

Scheidungsrate

8 Pfund

4,95

Verbrauch von Margarine

4,62

6

4,29

4

3,96 je 1000 Einwohner

2

| 2000 | 2001 | 2002 | 2003 | 2004 | 2005 | 2006 | 2007 | 2008 | 2009 |

QUELLEN: NATIONAL VITAL STATISTICS REPORTS, U.S. DEPARTMENT OF AGRICULTURE, tylervigen.com

Zufällige Scheinkorrelation

Der Buchautor Tyler Vigen hat für sein Projekt *Spurious Correlations* zahlreiche Daten gefunden, die keinen kausalen Zusammenhang haben, aber dennoch zu lustigen Interpretationen einladen.

Innerhalb von zehn Jahren nahm die Scheidungsrate im US-Staat Maine leicht ab.

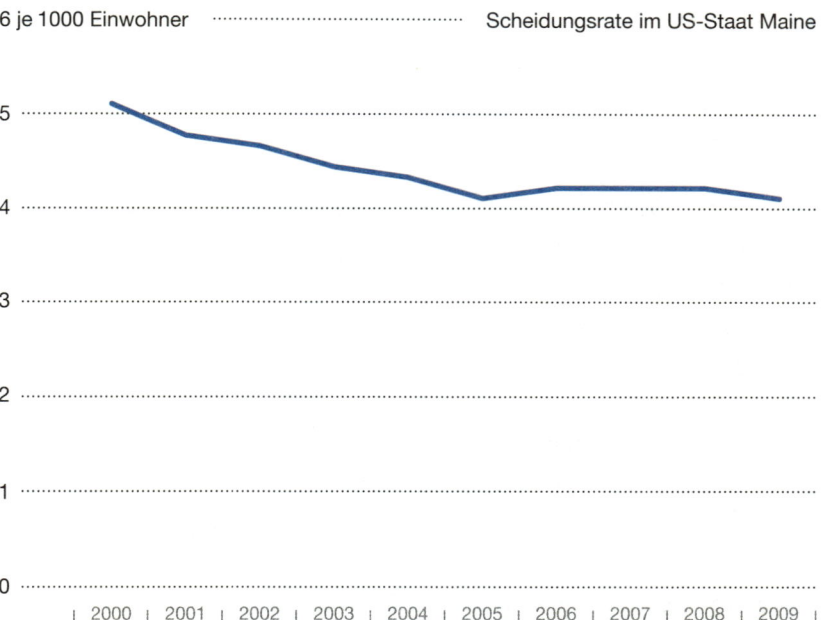

6 je 1000 Einwohner ⋯⋯⋯⋯⋯⋯⋯⋯⋯⋯⋯⋯⋯ Scheidungsrate im US-Staat Maine

In den Jahren 2000 bis 2009 nahm der Verbrauch von Margarine in den USA stetig ab. Innerhalb von zehn Jahren halbierte sich der Wert.

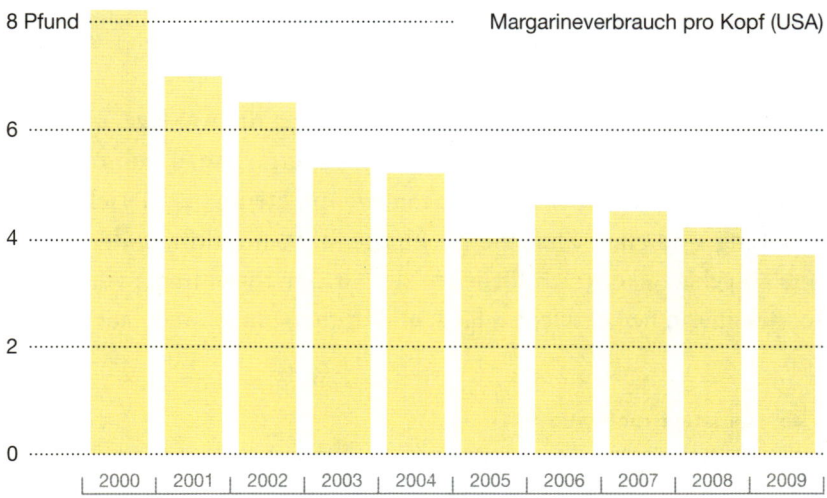

8 Pfund ⋯⋯⋯⋯⋯⋯⋯⋯⋯⋯⋯⋯⋯⋯⋯ Margarineverbrauch pro Kopf (USA)

Christina von Braun
Fake it till you make it
Eine kleine Geschichte des Vertrauensverlusts

Vertrauen und Misstrauen

Im Sommer 2013 taucht die 22-jährige Anna Sorokin in New York auf. Sie gibt sich den Namen Anna Delvey und behauptet, eine reiche Erbin aus Deutschland zu sein. Für sie seien 60 Millionen Euro auf einem Trust Fund der Schweizer USB hinterlegt. Anna Delvey kleidet sich in den teuersten Boutiquen und Department Stores von New York ein, wohnt in renommierten Hotels und zeigt sich in den angesagten Restaurants von Manhattan. Um bei einem Kunstevent von Warren Buffett dabei zu sein, chartert sie einen Privatjet. Es gelingt ihr, Trusts und potenzielle Mäzene für die von ihr gegründete *Anna Delvey Foundation* zu interessieren – die Bilder, die sie von sich und Prominenten auf Instagram postet, genügen als Beleg ihrer Kreditwürdigkeit. Allerdings bringt eine Freundin, die sie auf einer Hotelrechnung hat sitzen lassen (es ging um läppische 62 000 Dollar), ihren Verlust zur Anzeige – und plötzlich machen sich auch anderswo Zweifel an der Existenz des reichen Vaters und der Schweizer Konten breit. (In Wirklichkeit ist der Vater ein russischer Immigrant, der in einem Transportunternehmen arbeitet.)

Als Anna Sorokin 2017 verhaftet wird, lautet die Anklage auf Täuschung von Banken und Vermögensverwaltern. Hinzu kommt eine ganze Latte unbezahlter Rechnungen. Hauptakteure der Gerichtsverhandlung sind einerseits eine nüchterne Staatsanwältin, andererseits eine Angeklagte, die sich für jeden der 18 Gerichtsauftritte von einer Topdesignerin neu einkleiden lässt, und drittens ein Anwalt, laut dessen

Verteidigungsstrategie die junge Angeklagte vom vorgetäuschten Lebensstil der New Yorker Gesellschaft zu ihren Taten verleitet worden sei. »People were fake. People were phoney. And money was made on hype alone«, erklärt er den Geschworenen,[1] ohne allerdings zu erwähnen, dass der gleiche Zeitgeist und dieselbe Ökonomie ein Jahr zuvor einen neuen Typus von Politiker ins Weiße Haus befördert hatte. Seiner Mandantin missfällt das Plädoyer: Sie würde lieber als raffinierte Betrügerin denn als verführte Provinzlerin dastehen.

Typisch an diesem Fall, wie auch an vielen ähnlich gelagerten Fällen, ist die zentrale Rolle der sozialen Medien. Mit den *fake news*, die Facebook oder Telegram auf ihren Kanälen verbreiten (und den Summen, die sie daran verdienen), beschäftigt sich inzwischen eine ganze Armee von Investigativjournalisten – doch das Misstrauen, das sie in der Öffentlichkeit zu säen versuchen, erreicht im Allgemeinen nur die, die ohnehin nicht dran glauben. Dagegen spült das System des »fake until you make it« immer neue Hochstapler und Schwindlerinnen an die Oberfläche. So etwa den Wertpapierhändler Bernie Madoff, der 2008 als Erfinder des größten Schneeballsystems aller Zeiten auffliegt. Und so auch die aus dem Silicon Valley kommende Elizabeth Holmes, die behauptet, eine revolutionäre neue Methode der Blutuntersuchung entwickelt zu haben. Ihr Start-up Theranos wird auf neun Milliarden Dollar geschätzt, bevor der Schwindel auffliegt. Große Gewinnversprechen lösen sich in Nichts auf.

Typisch an diesen Fällen ist aber auch, dass es neben dem blinden Wunschglauben immer wieder auch das Misstrauen gegenüber solchen Erfolgsgeschichten gibt. Oft muss dieses beharrlich sein, lange warten, bevor es sich durchsetzt – so etwa bei der Überführung von Madoff. Manchmal geht es auch schneller – bei Wirecard zum Beispiel. So stellen sich zwei Fragen. Erstens: Warum fallen immer wieder so viele, darunter routinierte Juristen, gewiefte Wirtschaftsfachleute und erfahrene Banker, auf diese Schwindler und Betrügerinnen herein? Und zweitens: Gibt es so etwas wie den Typus des Gläubigen (oder des Gläubigers) und den Typus des Skeptikers? Und wenn ja, was macht sie dazu?

Der amerikanische Psychologe Tim Levine, der über Vertrauen forscht, führte zu dieser Frage umfangreiche Untersuchungen durch, darunter ein Experiment mit Studierenden: In einem Spiel, bei dem es um Geldgewinne geht, wurden die Probanden von ihrem jeweiligen »Spielpartner« systematisch dazu angeregt, zu betrügen. Einige folgten der Versuchung, andere nicht. Nach Beendigung des Spiels wurden die Probanden (die nicht wussten, dass ihr Betrug beobachtet worden war) zu einem Gespräch gebeten, das gefilmt wurde. Fast alle bestritten, betrogen zu haben – einige zu Recht, andere zu Unrecht. Diese Filmsequenzen wurden neutralen Beobachtern vorgeführt. Sie sollten urteilen, ob die Probanden logen oder nicht. Es zeigte sich, dass einige von denen, die die Wahrheit sagten, für Lügner gehalten wurden, während vielen der Lügner ihre Story abgekauft wurde. Levines Schlussfolgerung: Der Mensch eignet sich nicht als Lügendetektor, denn die Aufrichtigkeit eines Menschen wird von seinem Verhalten abgeleitet: Selbstbewusstsein, ein freundlicher, offener Blick genügen, damit sich Vertrauen einstellt.[2]

In einer anderen Untersuchung wurden die Entscheidungen von Untersuchungsrichtern zur Freilassung eines Angeklagten auf Kaution mit denen eines Computers verglichen. Der Computer wurde mit denselben Daten versehen (es ging um insgesamt 500 000 Fälle), über die auch die Richter verfügten: Umstände des Vergehens, Vorgeschichte des Angeklagten, Strafregister etc. Der einzige Unterschied: Die Richter sahen den Angeklagten (das sieht das Gesetz so vor), sie hörten ihn reden, hatten ihren eigenen Eindruck von diesem Menschen. Es zeigte sich, dass die Maschine die Angeklagten besser eingeschätzt hatte: »Die Angeklagten, die der Computer auf Kaution freigelassen hätte, begingen in der Zeit vor dem Prozess mit einer um 25 Prozent geringeren Wahrscheinlichkeit eine Straftat als die 400 000 Angeklagten, die von den Richtern gegen Kaution freigelassen wurden.«[3]

Levine erklärt solche Phänomene wie auch die Unfähigkeit, »Lügner zu identifizieren« nicht etwa mit fehlender Menschenkenntnis, sondern damit, dass wir schon aus Selbstschutz davon ausgehen, dass uns die anderen die Wahrheit sagen. Der Grund: Die Tendenz, anderen zu vertrauen, sei »eine adaptive Folge der menschlichen Evolution; sie ermöglicht effiziente Kommunikation und soziale Koordination« und erlaubt »dem Menschen, sozial zu funktionieren«. Da die meisten Täuschungen »von wenigen produktiven Lügnern begangen werden, entspricht die sogenannte Wahrheitsvorliebe in Wirklichkeit gar keiner Voreingenommenheit. Meistens liegen wir mit dem passiven Vertrauen richtig. Allerdings macht es uns auch anfällig für gelegentliche Täuschungen.« Für das Überleben der Art stelle dies keine Gefahr dar.[4]

Malcolm Gladwell, ein bekannter und preisgekrönter Autor des *New Yorker*, faszinierte diese Perspektive so sehr, dass er sich einige der großen Schwindler unserer Zeit und ihre Kontrahenten näher anschaute, darunter den schon erwähnten Bernie Madoff, der nicht weniger als 64,8 Milliarden Dollar verheizte, und Harry Markopolos, ein unabhängiger Ermittler, der für Hedgefonds tätig war und die Börsenaufsicht immer wieder vor Madoffs Geschäften gewarnt hatte. Was unterschied sie? Beide kamen aus wenig vermögenden Verhältnissen, beide waren Aufsteiger. Aber während es Madoff nach einem kurzen Studium vor allem darauf angelegt hatte, Kontakte zu reichen Leuten zu knüpfen, indem er in die richtigen Klubs ging, hatte Markopolos, Sohn eines griechischen Immigranten mit einer Kette von Imbissbuden, seine Zeit damit verbracht, Wirtschaftswissenschaften zu studieren und sich Einblicke in verschiedene Prüfmethoden zu verschaffen. Der Erste eignete sich das an, was der Soziologe Pierre Bourdieu den *Habitus* nennt, eine Verhaltensform, die die Codes der sozialen Distinktion und damit gesicherte Verhältnisse signalisiert – er lernte Selbstdarstellung. Der andere hingegen hatte sich angewöhnt, dem Schein zu misstrauen und stattdessen an Zahlen zu glauben, Bilanzen nachzurechnen, Wirtschaftserfolge zu überprüfen. Öffentlich erklärte Madoff den Erfolg seiner Anlagestrategie damit, dass er ein »untrügliches Gespür« für Werte habe. Von diesem »untrüglichen Gefühl« hatte er nicht nur Kunden, sondern auch kritische Finanzjournalisten überzeugt. So etwa Michael Ocrant, der nach einem Treffen mit Madoff von seinem »guten Eindruck« sprach und sich nach dem Zusammenbruch erinnerte: »Man konnte unmöglich mit ihm zusammensitzen und zu dem Schluss kommen, dass es sich um einen Hochstapler handelt.«[5]

In Harry Markopolos dagegen, der als Kind wiederholt erlebt hatte, dass sein Vater »hinter den Zechprellern hergerannt« war, keimte schon früh ein Gespür für Misstrauen. Durch die Erfahrungen des Vaters sei ihm das angeborene Vertrauen verloren gegangen. »Deswegen habe ich in den prägenden Jahren, als Jugendlicher und Anfang zwanzig, ein Bewusstsein für Betrug entwickelt.«[6] Aus genau demselben Grund fehlte Markopolos aber auch der *Habitus*, jenes Selbstvertrauen, das anderen Vertrauenswürdigkeit signalisiert. Seinen Eingaben bei der Börsenaufsicht wurde lange kein Glauben geschenkt, und auch sonst hörte niemand auf ihn.

Hinzu kam das Gewicht der Firmen: je größer, desto unfehlbarer. »Die Leute haben viel zu viel Vertrauen in große Organisationen«, meinte Markopolos später. »Sie vertrauen den Wirtschaftsprüfern, aber denen sollte man nie vertrauen, weil sie inkompetent sind. An guten Tagen sind sie unfähig, und an schlechten sind sie kriminell und decken Betrug.«[7] Man könnte es auch anders ausdrücken: Die Wirtschaftsprüfer arbeiten immer auf Veranlassung eines Auftraggebers, richten sich also nach seinen Interessen. Wenn diese auf Betrug gepolt sind, so hat das Einfluss auf die Prüfung – bis staatliche Kontrollen einen Wechsel der Loyalität angesagt erscheinen lassen. Als im Februar 2022 allmählich klar wurde, dass der Staatsanwalt die Einkommensbilanzen und Steuererklärungen von Trump (nun endlich!) einer genaueren Prüfung unterziehen wollte, kündigten die Wirtschaftsprüfer dem Expräsidenten die Zusammenarbeit auf und widerriefen ihre Wirtschaftsprüfungsberichte.

Nun könnte man aus diesen Geschichten mehrere Schlüsse ziehen. Etwa: Wenn unsere Wirtschaftssysteme zuverlässig arbeiten sollen, brauchen wir viele Jugendliche und Kinder, denen das Vertrauen ausgetrieben wird und die dann zu den Agenten unseres kollektiven Misstrauens werden. Oder: Bei allen wichtigeren Entscheidungsprozessen muss der

Faktor Mensch mit seiner fehlerhaften Menschenkenntnis ausgeschaltet und durch einen Computer ersetzt werden. Allerdings dürfte weder die eine noch die andere Lösung zielführend sein. Angesichts der positiven Rolle des Vertrauens für die zwischenmenschlichen Beziehungen (und auch angesichts der Tatsache, dass uns der Mangel an Vertrauen nicht nur aufmerksame Buchhalter, sondern auch verbitterte, ja rachsüchtige Politiker wie Wladimir Putin beschert) würde die gezielte Unterdrückung dieser Anlage mehr Schaden als Nutzen bringen. Gegen den Austausch des Menschen durch Computer spricht wiederum, dass Computer leicht zu manipulieren sind. Hat man sie erst mal mit falschen Zahlen und *fake knowledge* ausgestattet, öffnet ihre umprogrammierte »Gefühlsneutralität« jeglichem Fehlurteil Tor und Tür.

Die Ökonomie der Glaubenssysteme: die Gesellschaft der Gabe

Wie, so möchte man fragen, kommt es eigentlich, dass wir uns in einer Ökonomie befinden, in der es um *Glaubens*systeme geht? In dem die ganze Palette der Wirtschaftsbegriffe – Kredit, Schuld, Gläubiger usw. – einem religiösen Katechismus entnommen scheint?[8] In der sich sogar die Wirtschaftstheorie (sie beginnt ernsthaft erst um 1800) gerne auf göttliche Fügungen beruft? Adam Smith spricht von der »unsichtbaren Hand« des Marktes. Der Wirtschaftswissenschaftler Hans Christoph Binswanger spricht (in durchaus kritischer Absicht) von der »Glaubensgemeinschaft der Ökonomen«.[9] Und der französische Ökonom André Orléan weist darauf hin, dass das Geld heute Kernbedingung sozialer Kohäsion sei, »ein öffentliches Gut, das an das Sakrale stößt«.[10]

Laut Orléan beruht unser Vertrauen in das moderne Finanzsystem auf der Anrufung des Glaubens an die Gemeinschaft.[11] Er begründet das damit, dass Gemeinschaften über eine längere Lebenszeit verfügen als Individuen. Im Rentensystem verbinde das Geld die aufeinanderfolgenden Generationen miteinander. Geld sei nur ein Zeichensystem, und wenn sich die Menschen dennoch darauf einlassen, so deshalb, weil sie glauben, »dass auch die künftige Generation dieses Geld akzeptieren wird – und so weiter über viele Generationen«.[12] Zwischen Individuum und Gemeinschaft bestehe eine »Lebensschuld«. Das »finanzielle Band ist konstitutiv für die menschliche Gemeinschaft«, denn es ermöglicht den Menschen, »die Lebensschuld abzutragen«.[13] Dem individuellen Tod stehe die Fortdauer der Gemeinschaft gegenüber. Kurz: »Das Geld wird gebraucht, weil Menschen sterben.«[14]

Diese Sichtweise, bei der von Generationenketten, Gemeinschaften und »Lebensschuld« die Rede ist, erinnert an das Prinzip der zirkulierenden Gabe, das in vielen frühen Gesellschaften existierte und vom französischen Anthropologen Marcel Mauss eindrücklich beschrieben wurde. Das Prinzip der »zeremoniellen Gabe« (die aus materiellen wie aus ideellen Werten, etwa Dienstleistungen, bestehen kann) besagt, dass jede erhaltene Gabe durch eine andere erwidert werden muss. Geschieht dies nicht oder wird gar die Annahme verweigert, so kommt dies einer Kriegserklärung gleich. Durch diesen Mechanismus konstituiere sich ein unsichtbares Band des Zusammenhalts der Gemeinschaft. Denn bei der Gabe, so Mauss, gibt man sich selbst, »und zwar darum, weil man sich selbst – sich und seine Besitztümer – den anderen ›schuldet‹«.[15]

Über die Gemeinschaften, die nach diesen Prinzipien funktionierten, beginnen heutige Anthropologen und Archäologen immer mehr zu wissen. Sie lernen die Zeichen zu lesen, die sich aus der Bauweise steinzeitlicher Siedlungen, Gräberfunden, Nahrungsresten oder genetischen Analysen ergeben. Es handelt sich oft um Funde, die einige Tausend Jahre vor unserer Zeitrechnung zurückzudatieren sind, doch Relikte ihrer (ungeschriebenen) Gesellschaftsregeln erhielten sich bis in die Gegenwart. Zum allgemeinen Erstaunen waren einige dieser Gemeinschaften außergewöhnlich groß – Siedlungen konnten Tausende von Mitgliedern umfassen. Dennoch verfügten sie über egalitäre Strukturen. Bisher ging man davon aus, dass die Koordination einer größeren Ansammlung von Menschen immer nach einer zentralen Lenkung verlangt. Diese Gemeinschaften schafften es, ohne Hierarchie mit Oberpriester oder Herrscher auszukommen; und auch das Eigentum war relativ gleich verteilt. Die Siedlungen hatten weder einen zentralen Palast noch Tempel, und die Behausungen wiesen mehr oder weniger die gleiche Größe auf.[16]

Unsere Gesellschaften dagegen sind alles andere als egalitär; zwischen Arm und Reich tut sich ein immer tieferer Graben auf – und daran hat die moderne Geldwirtschaft einen großen Anteil, wie Karl Marx und andere gezeigt haben. Seitdem die Ökonomie vom Kapital beherrscht wird – das begann mit der frühen Industrialisierung und verschärfte sich mit der Verselbständigung des Kapitals –, wurden die Gemeinschaften fortdauernd mehr zum Spielball ökonomischer Verhältnisse. In den Worten von Karl Polanyi, der diesen Prozess, der kaum 200 Jahre dauerte, in seinem Buch *The Great Transformation* nachgezeichnet hat: »Die Wirtschaft ist nicht mehr in die sozialen Beziehungen eingebettet, sondern die sozialen Beziehungen sind in das Wirtschaftssystem eingebettet.«[17] Diese Umwälzung, so sagt er, »entwickelte sich sprunghaft, umfaßte Raum und Zeit und erreichte durch die Schaffung von Bankgeld eine bisher nie gekannte Dynamik«. Von ihrer Stoßkraft »wurden alle Teile der Welt, alle ihre Bewohner und sogar die ungeborenen Generationen, die physischen Personen ebenso wie riesige, fiktive Gebilde, die sogenannten Konzerne«, erfasst. Es entstand eine neue Lebensform, »die sich eine seit den Anfängen des Christentums nicht dagewesene Universalität anmaßte, nur daß diese Bewegung diesmal auf der rein materiellen Ebene stattfand«.[18]

Dieser zerstörerischen Dynamik soll ausgerechnet das Geld Einhalt gebieten? Und ausgerechnet ein (zumeist unterentwickeltes) Rentensystem soll ein soziales Band herstellen und als moderne Gestalt der zeremoniellen Gabe zu verstehen sein? Wenn es überhaupt besteht, mildert es höchstens die schlimmsten Auswirkungen des Kapitalismus ab. Bei den Gesellschaften der zirkulierenden Gabe waren alle Mitglieder einer Gemeinschaft eingebunden. Sich dem System zu entziehen, hätte den sozialen, wenn nicht gar den physischen Tod bedeutet. Das heißt, im System der Gabe fand das angeborene Vertrauen seine Entsprechung im Regelwerk der Gemeinschaften. Das gilt nicht für die kapitalistische Ökonomie. Warum aber funktionieren die alten Sozialsysteme nicht mehr? Um es knapp zu formulieren: Weil Gabe und Vertrauen durch den Glauben verdrängt wurden.

Die Etablierung der Glaubenssysteme durch Kulturtechniken

Die Gemeinschaften der zirkulierenden Gaben wurden allmählich durch hierarchische Gesellschaften verdrängt. Diese hatten ein Oberhaupt, das so gut wie immer männlich war und dessen Herrschaft oft durch Gewalt, Ausbeutung, Leibeigenschaft gesichert wurde. Wie die Sozialsysteme der zirkulierenden Gaben gab es auch diese Gesellschaften weltweit: in Mesopotamien, in Nord- und Südamerika, im alten Ägypten ebenso wie in China und anderen Regionen der Welt. Einige hielten sich lange – im alten Ägypten mehrere Tausend Jahre –, bis andere Gesellschaftsstrukturen an ihre Stelle rückten: In diesen hatten zumeist erbliche Eliten (oder Aristokratien) das Sagen. Dazu gehörte etwa das antike Griechenland, das sich zwar als »demokratisch« verstand, weil es keinen Monarchen gab, aber die Überlebensfähigkeit dieser Gesellschaften beruhte ebenfalls auf Sklaverei und Unfreiheit.

Daneben entwickelte sich, vor allem rund ums Mittelmeer, noch ein dritter Typus von Gemeinschaft. Der Beginn dieser Gesellschaftsform lässt sich ziemlich genau auf die Einführung der dortigen Schriftsysteme datieren, die sich parallel zur Entstehung des Gelds herausbildeten. (Schriftforscher gehen heute davon aus, dass die Schrift, zumindest in diesem Teil der Welt, zunächst für die Zwecke der Buchführung entwickelt wurde.) Besonders einschneidend war die Erfindung des Alphabets, ein Schriftsystem, das wegen seiner wenigen Zeichen leicht zu erlernen war und das breiteren Bevölkerungsschichten den Zugang zu Bildung und Wissen eröffnete. Diese neuen Gemeinschaften verkündeten die Gleichheit aller Menschen. Da sie zugleich um den Zusammenhalt der Gemeinschaft fürchteten, erfanden sie neue soziale Regelwerke. So etwa die jüdische Gemeinschaft, die nicht lange nach der Herausbildung des semitischen Alphabets (der Mutter aller Alphabete) entstand: In der Heiligen Schrift, die sich diese Gemeinschaft gab, wurden 613 Zeremonialgesetze formuliert, die alle Bereiche des Lebens – von Ernährung über Sexualverhalten bis zu den Reinheitsvorschriften – erfassten und für einen Gemeinschaftskörper sorgten, der jeden einzelnen Körper einschloss und Bindungen schuf, die sich sogar in der späteren Zerstreuung erhielten.

Das Christentum, das zeitgleich mit dem Beginn der jüdischen Diaspora entstand, versuchte es dagegen mit dem Glauben. Es gibt keine größere Sünde in der christlichen Religion als den Glaubenszweifel. Da der Glaube aber eine prekäre Angelegenheit ist – er fordert die Bereitschaft und den *Willen* zu glauben ein –, entstanden Mechanismen, die ihn befördern und die Gefühle in Einklang bringen sollten. Einige dieser Mechanismen wurden aus schon bestehenden Kulturtechniken übernommen und weiterentwickelt, andere wurden neu erfunden. Drei der wichtigsten Techniken waren: Schrift/Buchdruck, Räderwerkuhr und Sehgeräte. Sie funktionierten als kollaborative Glaubenshilfen und wurden auch zur Basis unseres ökonomischen Systems.

Die christliche Theologie war die größte Schriftproduzentin des mittelalterlichen Abendlandes. Verfasst wurden nicht nur theologische Lehren, sondern auch juristische Kodizes, denn die Kirche verwaltete neben dem Glauben auch irdische Besitztümer und das archivalische Gedächtnis, die Basis jeder Art von Gemeinschaft. Nicht durch Zufall wurde der Buchdruck im christlichen Kulturraum erfunden. Viele Klöster waren gegen Ende des Mittelalters zu besseren Kopieranstalten geworden – und der Buchdruck mit seinen beweglichen Lettern trug diesem Bedürfnis Rechnung. Zugleich läutete der Buchdruck allerdings auch den Prozess der Aufklärung ein. Sie stellte die Macht der Religion infrage, etablierte aber zugleich das Prinzip Schriftlichkeit. Mit der allgemeinen Alphabetisierung begann der Übergang von einer Gesellschaft, die an eine Heilige Schrift *glaubte*, zu einer Gesellschaft, in der sich die Schrift jedem einzelnen Körper einprägte und so Zusammenhalt schuf.

Die Räderwerkuhr vollbrachte den Transfer von Techniken der Frömmigkeit zu denen der Industrialisierung. Auch sie verdankte sich den Bedürfnissen der christlichen Klöster. Das französische Wort *horloge* (Uhr) kommt von *hora lego* (Gebetsstunde). Die Reform der kluniazensischen Klöster im zehnten und elften Jahrhundert hatte zur Wiederaufnahme der *regula* des heiligen Benedikt geführt und schuf eine feste Gliederung der Zeit durch sieben Gebetsstunden. Da das Gebet auch in der Nacht verrichtet wurde, kamen Sonnenuhren nicht infrage. Wasseruhren froren bei den winterlichen Temperaturen des Nordens ein. Der Zeitmesser, dessen die Mönche bedurften, wurde um 1300 in Gestalt der mechanischen Uhr erfunden. Der gesamte Tagesablauf im Kloster wurde von der Idee eines gemeinsamen Lebens bestimmt: Man aß, betete, arbeitete zusammen, lebte in Gemeinschaftsräumen. Die Räderwerkuhr, die diesem festen Zeitrhythmus entsprach, domestizierte die einzelnen Körper und schuf zugleich soziale Homogenität.

Bald begannen die Uhren, auch außerhalb der Klostermauern das Wirtschaftsleben zu regulieren. In den Städten ertönten Glocken für den Arbeitsbeginn, für Mahlzeiten, das Ende der Arbeit, das Schließen der Stadttore, Marktzeiten, Sitzungen des Stadtrates, Sperrstunde usw.[19] Die Räderwerkuhr schuf die entscheidende Voraussetzung für den allmählichen Prozess der Mechanisierung und Industrialisierung, der ab dem Spätmittelalter über die Textilindustrie und bald auch über andere Wirtschaftssektoren bestimmte. Der Industrialisierungsprozess ist ohne die Räderwerkuhr nicht vorstellbar, und Lewis Mumford hat zu Recht geschrieben, dass die Schlüsseltechnik des Industriezeitalters nicht die Dampfmaschine, sondern die Uhr war.[20] Sie schuf eine synchrone Gemeinschaft – bald auch ohne die Kirche.

Bei der dritten Kulturtechnik verband sich der Glauben mit dem Sinn des Sehens. Sowohl die jüdische Religion als auch der Islam gehen von einem verborgenen Gott aus, der nicht abgebildet werden darf – er bleibt mithin verschleiert. Moses wie Mohammed verdecken sich das Haupt, bevor sie das Wort Gottes empfangen. Das Christentum folgt einer anderen Logik. Das griechische Wort *apokalypsis*, Offenbarung, heißt wörtlich übersetzt »Entschleierung« und ist zusammengesetzt aus *kalypta*, was »schleierartiger Umhang« bedeutet, und dem Präfix *apo* (weg, entfernt). Auch der lateinische Begriff *revelatio* versteht die Offenbarung als einen symbolischen Akt der Entschleierung (von *velum*, Schleier, Vorhang). Dahinter steht der Gedanke, dass der Gläubige die Wahrheit Christi, also das Geheimnis Gottes, unverhüllt sehen und begreifen kann. Im Gegensatz zu den beiden anderen monotheistischen Religionen ist das Christentum eine Religion der *Enthüllung*. In ihrem Zentrum steht ein Gott, der in seinem Sohn sichtbare Gestalt angenommen hat.[21]

Dieser christliche Topos der *revelatio* – als Zugang zur Wahrheit und zum Geheimnis – sollte bestimmend werden für die westliche Wissenschaft. Auf der Suche nach der wissenschaftlichen »Wahrheit« entwickelte das Abendland eine Fülle von Sehtechniken und Sehgeräten, die neue Paradigmen setzten und Entdeckungen ermöglichten. Die christliche Welt übernahm zu Beginn der Neuzeit viele Erkenntnisse aus dem arabischen Raum, wo das Wissen in der Medizin und auf technisch-naturwissenschaftlichen Gebieten weiter fortgeschritten war. Doch auf dem Gebiet des Sehens erfand das christliche Europa ganz Eigenes: Zentralperspektive, Fernrohr, Mikroskop, Camera obscura und später Fotografie und Film. Diese Techniken veränderten das Sehen und verwandelten die transzendente Wahrheit, an die es zu glauben galt, in irdisches, empirisch nachweisbares Wissen.

Wir haben es also mit drei Prozessen zu tun, bei denen der Glauben in (bewusste und unbewusste) Gewissheit überführt und das angeborene Vertrauen in den Dienst des Glaubens gestellt wurde. Mit den digitalen Medien des 20. und 21. Jahrhunderts fanden die Techniken Schrift, Synchronschaltung und Bild zueinander und schufen die Basis für die spezifische Glaubenskultur, die wir aus den sozialen Medien kennen oder auch im imperialen Glaubenssystem eines Wladimir Putin wiederfinden. Sie verkörpern den Glauben im Gewand des Vertrauens.

Vertrauen versus Glauben?

Wir müssen ein »neues Vertrauenssystem finden«, so lautet eine immer wiederkehrende Maxime moderner Ökonomen. Für Minouche Shafik, Direktorin der London School of Economics und Autorin des Buchs *Was wir einander schulden. Ein Gesellschaftsvertrag für das 21. Jahrhundert*,[22] hat die Pandemie verdeutlicht, »wie stark das Gefühl für gegenseitige Verantwortung und soziales Vertrauen gesunken ist«. Sie setzt sich für einen »neuen Gesellschaftsvertrag« ein, der sich aus »Regeln, Normen und gegenseitigen Verpflichtungen« zusammensetzt. Indem dieser Vertrag definiere, »was wir einander schuldig sind«, solle er »die Individuen, die Unternehmen, die Zivilgesellschaft und den Staat aneinanderbinden«.[23]

Es ist das alte Versprechen der zirkulierenden Gabe. Gewiss, Shafik und andere attestieren, dass ökonomische Gerechtigkeit und der Ausgleich zwischen Arm und Reich wichtige Faktoren eines neuen Gesellschaftsvertrags sein müssen. Aber sie sagt auch, dass die sozialen Verhältnisse nicht genügen »als Erklärung dafür, warum es in der Mittelklasse der reichen Welt immer mehr politischen Extremismus, Verschwörungstheorien, Drogensucht und Impfverweigerung gibt«. Was hier fehle, sei ein »Gefühl der Zugehörigkeit« zur Gemeinschaft, und dieses werde auch vom eigenen Beitrag bestimmt. Das klingt richtig gut: Selbstverantwortung als Voraussetzung für Gemeinschaftssinn. Auch die Erweiterung des Gesellschaftsvertrags auf die Frage der Zugehörigkeit leuchtet ein. Sie war das entscheidende Merkmal der Gesellschaft der Gabe, die über eine Gemeinschaft bestimmte, ohne dass die Einzelnen sich dessen bewusst waren. Ihre Sozialstruktur deckte sich mit dem angeborenen Vertrauensvorschuss. Wir dagegen müssten einen solchen Konsens willentlich herstellen – vergleichbar der Struktur des Glaubens.

Genau da liegt aber auch das Problem: Jeder Gesellschaftsvertrag bedarf verlässlicher Vertragspartner – und dieses Vertrauen hat uns die Glaubensgemeinschaft ausgetrieben. Zudem bedarf ein Gesellschaftsvertrag, der das Vertrauen ersetzen soll, allgemeingültiger Sanktionsmöglichkeiten. Die globale Ökonomie zeigt uns jedoch seit Jahren, wie kompliziert es ist, internationale Verträge zu schließen oder gar ihren Bruch zu ahnden. Welche Institutionen, welche Gesetze können also diesen neuen Gesellschaftsvertrag garantieren? Das Prinzip der Reziprozität bietet eine mögliche Antwort. Es funktioniert leidlich gut, wenn es um die Rache – das Gegenstück zur Gabe – geht, wenn also mit einem angemessenen Gegenschlag gedroht werden kann. Aber schon beim russischen Einmarsch in die Ukraine zeigte sich, dass die Wirkmacht der Reziprozität dadurch abgeschwächt wird, dass sich der Mensch nicht als Lügendetektor eignet und der Betrüger lange als vertrauenswürdig oder zumindest berechenbar galt. (Hinzu kam hier, dass der Betrüger mit der ganzen Gewalt daherkam, die dem Glauben innewohnt.) Sogar in seiner härtesten Gangart, der Rachedrohung, stößt das Prinzip der Reziprozität an seine Grenzen. Es versagt völlig, wenn es darum geht, Vertrauen gegen Vertrauen zu tauschen. Der Geist des Kapitalismus sieht Nehmen, aber nicht Geben vor. Das Gemeinschaftsgefühl ist nicht Teil seiner Logik. Auch deshalb konnte aus dem Vertrauensvorschuss der Glaubensspruch werden: *Fake it till you make it.*

Anmerkungen

1 Zitiert nach Hadley Freeman: »From New York's fake heiress to Donald Trump, we're living in the age of the scam«, in: *Guardian* vom 12.08.2019.

2 Timothy R. Levine: Duped. *Truth-Default Theory and the Social Science of Lying and Deception.* Tuscaloosa AL 2019.

3 Malcolm Gladwell: *Die Kunst, nicht aneinander vorbeizureden.* Hamburg 2019, S. 45.

4 Levine, Kindle-Version, S. XI.

5 Gladwell, S. 174.

6 Ebd., S. 97.

7 Ebd., S. 99 f.

8 Zu Religion und Geld vgl. Jochen Hörisch: *Bedeutsamkeit. Über den Zusammenhang von Zeit, Sinn und Medien.* München 2009; Christina von Braun: *Der Preis des Geldes.* Kapitel »Geld und Glauben«. Berlin 2012.

9   Hans Christoph Binswanger: *Die Glaubensgemeinschaft der Ökonomen. Essays zur Kultur der Wirtschaft*. München 1998.

10 André Orléan: »La monnaie autoréférentielle: réflexions sur les évolutions monétaires contemporaines«, in: Michel Aglietta, André Orléan (Hg.): *La monnaie souveraine*. Paris 1998, S. 359–386, S. 361.

11 Ebd., S. 365.

12 Ebd., S. 376.

13 Ebd., S. 380 f.

14 Ebd., S. 379.

15 Marcel Mauss: *Die Gabe. Form und Funktion des Austausches in archaischen Gesellschaften*. Frankfurt am Main 1990., S. 118.

16 Ausführlicher: David Graeber, David Wengrow: *The Dawn of Everything. A New History of Humanity*. London 2021.

17 Karl Polanyi: *The Great Transformation. Politische und ökonomische Ursprünge von Gesellschaften und Wirtschaftssystemen*. Frankfurt am Main 1990, S. 243, S. 88 f.

18 Ebd., S. 182.

19 David S. Landes: *Revolution in Time. Clocks and the Making of the Modern World*. Cambridge MA 1983, S. 76.

20 Lewis Mumford: *Technics and Civilization*. New York 1934/1963, S. 14 f.

21 Ausführlicher: Christina von Braun, Bettina Mathes: *Verschleierte Wirklichkeit. Die Frau, der Islam und der Westen*. Berlin 2007, S. 149–181.

22 Minouche Shafik: *Was wir einander schulden. Ein Gesellschaftsvertrag für das 21. Jahrhundert*. Berlin 2021.

23 Minouche Shafik: »Vertragsbruch«, in: *Demokratie und Gesellschaft* vom 18.02.2022.

Wo fängt Ihr Vertrauen an,
und wo hört es auf?

Jon Flemming Olsen

Einatmen. Ausatmen. Pause. Repeat.

Im Frühherbst 1997 war ich in keiner besonders guten Verfassung. Ich war starker Raucher, hatte gerade eine schwere Trennung hinter mir und war komplett überarbeitet. Ich brauchte dringend Urlaub. Aber es gab niemanden, mit dem ich Urlaub hätte machen können oder wollen. »Mach einen Tauchschein«, hatte mein Freund Roland gesagt. »Und dann machst du einfach eine Gruppenreise – mit anderen Tauchern.«

Sofort stiegen längst vergessene Bilder in mir hoch. Mit meiner großen Schwester spätnachmittags gebannt vor dem Fernseher. Jacques-Yves Cousteaus »Geheimnisse des Meeres«. Mit ihrem Forschungsschiff Calypso waren Cousteau und seine Mitstreiter auf den Weltmeeren unterwegs und brachten in ihrer TV-Doku-Serie zum allerersten Mal regelmäßig Korallenlandschaften, Wracks, Haie und jede Menge bunte Fische vor die Kamera und in bundesdeutsche Wohnzimmer. Ich habe diese Serie geliebt. Die Männer unter Wasser waren offenbar tollkühne, todesverachtende Haudegen. Sie erlebten das ultimative Abenteuer. Niemals würde ich mich so etwas trauen.

An meine ersten eigenen Tauchgänge im Meer erinnere ich mich ziemlich genau. Ein Großteil der Konzentration liegt bei diesen Unterwasserausflügen auf der Atmung – erstens beeinflusst sie die Neigung des Körpers, im Wasser aufzusteigen oder zu sinken, zweitens leert sich der mitgeführte Pressluftvorrat durch ineffektives Atmen sehr viel schneller (und zwingt dann möglicherweise die ganze Tauchgruppe zum verfrühten Auftauchen) und drittens sind Atmung und Stresslevel unmittelbar miteinander verbunden: Mehr Stress bedingt schlechtere Atmung, schlechtere Atmung erzeugt mehr Stress. In diesen Teufelskreis möchte man unter Wasser nicht geraten.

Ich weiß noch genau, dass ich mein Atmen sehr genau beobachtete und mich bei jedem Tauchgang bemühte, dies möglichst ruhig und gleichmäßig zu tun. Nach einer Weile glaubte ich, diesen Teil relativ gut im Griff zu haben. Aber ein Detail funktionierte überhaupt nicht, eines, das essenzieller Bestandteil einer ruhigen Atmung ist: Nach dem Ausatmen legt der Körper eine Pause ein, bevor er wieder einatmet. Je ruhiger man ist, umso länger kann diese Pause werden. Unter Wasser aber war mir dies absolut unmöglich. Auch wenn ich mich inzwischen ruhig und sicher fühlte, konnte ich beim besten Willen diese kleine Zäsur nicht einlegen. Ein sehr eigenartiges Gefühl. Ich brauchte mehrere Jahre und viele, viele Tauchgänge, um diese Fähigkeit zu erlangen.

Heute weiß ich: Der technischen Apparatur, die mich unter Wasser atmen lässt, konnte ich mich damals noch nicht vollends anvertrauen. Ich konnte zwar begreifen, dass die Nabelschnur zur lebensspendenden Sauerstoff-Stickstoff-Mischung funktionierte, auch ungefähr verstehen, wie sie dies tat, ich wusste, dass alle Teile immer penibel gewartet und getestet wurden, aber volles Vertrauen konnte mein Verstand daraus nicht aufbauen. Das konnten nur die Zeit und die immer gleiche Wiederholung der positiven Erfahrung: Nein, du wirst nicht gleich ertrinken. Ja, du kannst an diesem Ort sein. Atme ein, atme aus. Pause.

Armin Nassehi

Das blinde Korn

Die dunkle Seite des Vertrauens und was das mit
der NATO zu tun hat

Ohne einen Vertrauensvorschuss in die Welt wäre menschliches und
vielleicht auch tierisches Leben kaum möglich. Fast alles, was wir tun,
rechnet mit Voraussetzungen, die wir nicht nur nicht herstellen können, sondern auch nachgerade unbesehen voraussetzen müssen. Was
die phänomenologische Tradition Lebenswelt nennt, ist die Welt, die
insofern vorausgesetzt ist, als es die Welt ist, in der wir »immer schon«
leben. Edmund Husserl, der Begründer der Phänomenologie, spricht
von einer »natürlichen Einstellung«[1], sein Schüler, der Soziologe Alfred
Schütz, vom »unbefragten Boden«[2], auf dem wir uns bewegen. Die Figur
des Immer-schon ist eine sehr schöne Denkfigur. Sie meint kein histo-
risches Immer-schon, auch nicht, dass sich die Welt nicht verändert.
Es meint, dass es keine Perspektiven außerhalb unserer eigenen Perspektiven gibt. Selbst die immer wieder verlangte und so notwendige
Form der Perspektivenüberschreitung, der Perspektivenübernahme und
der Selbstkritik durch Reflexion kann die eigene Perspektive nicht verlassen – allenfalls verschieben. Eigene Perspektiven bleiben eigene Perspektiven. Man kann nicht mit dem eigenen Wahrnehmungsapparat am
eigenen Wahrnehmungsapparat vorbeisehen, um zu prüfen, ob die Welt
da draußen wirklich so ist, wie sie uns erscheint, und man kann die
eigenen sozialen Erfahrungen zwar transzendieren, negieren, infrage
stellen, ablehnen und neu interpretieren, andere Unterscheidungen darauf anwenden oder sich therapeutisch auf andere Beschreibungen ein-

lassen, aber all das geschieht unhintergehbar auf dem Boden und mit dem Horizont dessen, was »immer schon« gilt, nämlich die Perspektivität der eigenen Perspektive.

Das mag sich anhören wie eine allzu abstrakte Beschreibung, aber es findet sich empirisch überall. Man denke nur an Assoziationsketten, die sich in unserem Bewusstsein bei entsprechenden Reizen wiederholen, oder man denke an Sprechweisen, Begriffe und Sagbarkeiten, die das Leben biografisch durchziehen. Und es gilt sogar für größere kulturelle, religiöse, politische oder sonstige kollektive Zusammenhänge. All dies erzeugt Bestätigungen von Vorherigem – und die Abweichung von Vorherigem ist eben nicht nur Abweichung, sondern eben Abweichung von Vorherigem. Dass Konvertiten besonders streng werden können, liegt womöglich an einer Überkompensation und besonderem Anpassungsdruck.[3] Was mit dem Begriff der Lebenswelt beschrieben wird, beschreibt das Verstricktsein in die eigene Perspektive, das man sich nicht von außen ansehen kann. Mit dem Lebensweltbegriff wird zugleich auch die Grenze zwischen vertrauten und nicht vertrauten Formen markiert – und auch diese Unterscheidung ist asymmetrisch gebaut. Der Vorrang des Vertrauten sorgt dafür, dass das Unvertraute eben aus der Perspektive des Vertrauten beobachtet und bewertet wird. Man kann diesen Vorrang moralisch disqualifizieren, weil man so asymmetrisch auf die Welt sieht und das »Eigene« vor dem »Fremden« rangieren lässt. Allerdings unterschätzt man dann das Immer-schon – denn schon die Neigung zum »Fremden« oder »Unvertrauten« erfolgt auf dem Boden des Vertrauten. So ist gerade das »Fremde« eine merkwürdige Form der Verfremdung. Denn zumeist gehen in dieses Fremde die Projektionen des Vertrauten ein – und das gilt sowohl für die Feindschaft als auch für die Affirmation dessen, was als fremd markiert wird. Dadurch wird das Fremde selbst zum Vertrauten und neigt zu Stereotypen, die eben stets die eigenen Stereotype sind.[4] Dem Immer-schon ist schwer zu entkommen – die Immanenz der eigenen Lebensform beziehungsweise der eigenen Perspektive ist schwer transzendierbar, und wenn, dann immer im Rahmen der angedeuteten Asymmetrie.

Auf dem Boden dieser Argumentation lässt sich Vertrauen gut beschreiben. Vertrauen basiert auf der (unbesehenen) Geltung des Vertrauten. Vertrauen ist die Formel, dass das Immer-schon nicht weiter thematisiert werden muss oder eben nur in einem Rahmen, in dem Abweichungen gut auszuhalten sind.

Vertrauensbeziehungen

Der moderne Alltag ist voller Vertrauensbeziehungen, die uns das Leben erst ermöglichen. Zunächst gilt das für die Handlungskoordination im Alltag. Jemanden ansprechen ist eigentlich eine ziemlich riskante Sache, aber die Welt, die Lebenswelt ist bereits so vorstrukturiert, dass man irgendwie darauf vertrauen kann, dass ein Response im Rahmen eines irgendwie erwartbaren Raumes erfolgt. Das gilt für einfachste Tatsachen wie für den Erwerb einer Butterbreze in einem Geschäft[5] bis hin zu kontroversen Diskursen. Wir sind geübt darin, in solchen Kontroversen die Argumente der anderen Seiten gut einschätzen zu können. Selbst Sätze, denen wir radikal misstrauen oder die wir verachten, flößen Vertrauen in die Welt ein, wenn sie aus dem »richtigen« Mund kommen. In der vertrauten Welt kommen nicht nur gute Freunde vor, sondern auch gute Feinde. Und was hier für die Frage von Personen angedeutet wird, gilt erst recht für Rollen und Rollenverhalten. Von einem Polizisten lassen wir uns zwar nicht gerne, aber doch nach dem Ausweis fragen, vom Servicepersonal eines Restaurants eher nicht – es sei denn, es gehört zu erwartbarem Verhalten, wie es während der Pandemie selbstverständlich wurde, nicht nur den Impfnachweis zu erbringen, sondern auch zu dokumentieren, dass der Impfausweis zu meiner Person gehört. Wir lassen uns auf restringierte Formen der Kommunikation ein, wenn wir als Klienten oder Agenten tätig sind. Bestimmte Höflichkeitsregeln gelten dann nicht. Und wir können auch verstehen, warum jemand, der ökonomisch argumentiert, andere Schlüsse zieht als jemand, der einen politischen Satz sagt. Wir können meistens eine Rechtsregel von einer moralischen Regel unterscheiden, und wo das nicht gelingt, ist sogar die Empörung darüber, dass das Recht weniger Gerechtigkeit als normative Konsistenz herstellt, ein Element aus dem Arsenal sagbarer Sätze, die die Welt kalkulierbar machen. Diese lebensweltlichen Sicherheiten basieren also keineswegs auf Konfliktlosigkeit oder gar Harmonie, sie sind vielmehr ein Korrelat von Erwartbarkeit, selbst wenn das Erwartete schrecklich ist.

Um diesen Mechanismus zu verstehen, sei die Lektüre von Eugen Kogons *Der SS-Staat. Das System der deutschen Konzentrationslager* empfohlen, das schon 1946 erschienen ist.[6] Dieses Buch ist nicht nur ein Dokument der nationalsozialistischen Verbrechen, sondern auch eine soziologische Analyse des Lebens im Lager, das einerseits von den ungeheuerlichsten Schrecklichkeiten geprägt war, andererseits auch über die Zeit hinweg so etwas wie lebensweltliche Strukturen entwickelt hat – selbst wenn dies in der Normalisierung der Erwartung besteht, jederzeit und ohne weiteren Anlass ermordet werden zu können. Für mich jedenfalls gehörte schon als junger Student die Lektüre dieses Buches zu den eindringlichsten Lektüren überhaupt, weil es einerseits das Undenkbare auf den Begriff gebracht hat, aber auch Einsichten darüber vermittelte, wie sich selbst in den extremsten Ausnahmesituationen Erwartbarkeiten etablieren. Selbst unter radikalster Todesdrohung kann man kaum ohne lebensweltliche Erwartbarkeit leben – ich schreibe absichtlich Erwartbarkeit und nicht Sicherheit, weil es sich dann doch zu zynisch anhören würde. Aber es vermittelt etwas von der Funktion des Vertrauten – das ja nur die Voraussetzung für Vertrauen ist.

Die Funktion des Vertrauens ist die Berechenbarkeit der Welt, es bestätigt die oft unbesehenen Hypothesen, die wir über die Welt haben. Es beinhaltet das Wissen über Prozesse und Strukturen, über Personen und Stereotype, über Rollen und Handlungstypen, über die Welt, wie wir sie als solche anerkennen. Vertrauen entlastet von der zu deutlichen Nachfrage und simuliert eine Welt, die kontinuierlicher und sicherer ist als die Welt, wie sie wohl ist. Vertrauen entlastet, genauer hinschauen zu müssen – was uns wiederum zur Handlungskoordination führt. Wir vertrauen, dass die Zahlen auf einem Bildschirm unser Geld sind, und wenn wir es uns auszahlen lassen, vertrauen wir darauf, dass der auf den Geldscheinen gedruckte Betrag den Wert des Geldes verbürgt, der selbst wiederum weniger von der ausstellenden Behörde (Zentralbank etc.) abhängig ist, sondern von einem Marktgeschehen mit entsprechend niedrigen Inflationsraten. Sieht man genauer hin, wird man feststellen, wie voraussetzungsreich das Selbstverständliche ist. Unsere Rentenansprüche stehen nur auf dem Papier, die Rechts-vor-links-Regel ist eine sehr fragile Lebensversicherung, vor allem, wenn man sie aus der Perspektive eines Radfahrers im Angesicht eines 36-Tonners betrachtet. Dass der andere, den ich nicht kenne, sich an dieselben Regeln hält wie ich, ist nicht ausgemacht, wird aber vorausgesetzt, dass kontroverses Reden nicht in Gewalt umschlägt, ist ebenfalls nicht ausgemacht – und welche Bedeutung all das hat, wissen wir spätestens dann, wenn sich die Dinge nicht so verhalten, wie wir es »immer schon« erwarten.[7]

Kontrolle

Vertrauen sei gut, Kontrolle besser – heißt es bisweilen. Nur ist Vertrauen gewissermaßen das funktionale Korrelat dafür, dass sich die Dinge nicht kontrollieren lassen. In ein Flugzeug zu steigen, setzt das Vertrauen sowohl in die technische Wartung des Flugzeugs als auch in die Kompetenz des Piloten oder der Pilotin voraus, aber auch in die technische Infrastruktur der Flugüberwachung und nicht zuletzt in die psychische Gesundheit der Fluglotsen. Ist Kontrolle wirklich besser? Würde ich ruhiger fliegen (und ich gebe es auch in CO_2-kritischen Zeiten zu, ich fliege wirklich gerne), wenn ich alles kontrollieren müsste oder auch kontrollieren würde?

Wahrscheinlich wäre ich völlig neurotisch, weil die Kontrolle voraussetzt, mir zunächst darüber Gedanken zu machen, was alles wirklich schiefgehen könnte, um bloß nichts auszulassen, denn würde das Flugzeug abstürzen, würde ich in der kurzen Zeit zwischen der Gewissheit, dass es keine Rettung mehr gibt, und dem Aufprall mir selbst die Schuld geben müssen. Und außerdem: Könnte ich eigentlich meiner eigenen Kontrolle vertrauen? Wie kontrolliere ich die Kompetenz der Piloten? Indem ich mir Zertifikate zeigen lasse? Und wie die technische Infrastruktur der Flugsicherung?

Diese Suggestivfragen zeigen: Kontrolle wäre nicht besser. Nichts würde funktionieren ohne die Unterstellung, dass die Dinge so ablaufen, wie wir es erwarten. Das ist kein Plädoyer dafür, sich nicht um das Funktionieren wichtiger Infrastrukturen oder um die Kompetenz von Personen zu kümmern, im Gegenteil, aber unser unmittelbares Verhalten hängt von Voraussetzungen ab, die tatsächlich prinzipiell nicht selbst kontrollierbar sind. Deshalb ist sozialer Friede, ist die Anerkennung von Lebensformen, ist das Vertrauen in individuelle Entscheidungsfähigkeit, ist Toleranz gegenüber dem nicht ganz so Vertrauten eine Voraussetzung dafür, genügend psychische und soziale Energie auf die Lösung von Aufgaben und Problemen zu verwenden.

Um es ganz banal zu formulieren: Könnte ich nicht darauf vertrauen, dass mein Arbeitsplatz einigermaßen sicher ist, dann würde ich wahrscheinlich durch geradezu neurotische Fehlervermeidung noch mehr Fehler machen als ohnehin schon. Und wenn ich meinem Partner oder meiner Partnerin nicht wenigstens ansatzweise vertraue, werde ich in allem, was er oder sie tut, ein Anzeichen für Untreue oder Ähnliches vermuten. Ich würde keine U-Bahn benutzen, wenn ich nicht wüsste, dass es einen Ausgang aus dem Tunnel gibt. Und ich würde mich nicht in die Obhut eines Anästhesisten begeben, wenn ich mich nicht vergleichsweise unbesehen der Situation ausliefere und davon ausgehe, dass mir die narkotisierenden Substanzen nicht von einem Soziologen, einer Politikerin oder einem Busfahrer verabreicht werden. Und sogar die schriftliche Zustimmung darüber, über das Risiko der Narkose in Kenntnis gesetzt worden zu sein, lässt sich nur mit einem gewissen Vertrauensvorschuss aushalten, der dadurch bekräftigt wird, dass mir signalisiert wird, dass die erwähnten Komplikationen wirklich nur äußerst selten auftreten, also eigentlich gar nicht. Also eigentlich.

Die soziale Funktion des Vertrauens besteht darin, nicht so genau hinschauen zu müssen – und umgekehrt: Ein deutliches Anzeichen dafür,
dass das Vertrauen in Gefahr geraten ist, wäre der Umstand, dass man
tatsächlich genau hinschaut – was das Vertrauen meistens nicht stärkt.
Diese soziale Funktion ist es, die Lebensformen in komplexen Gesellschaften erst ermöglicht: das Maß der nicht selbst kontrollierbaren Voraussetzungen des eigenen Tuns und Lassens irgendwie aushalten zu
können. Es ist ohnehin ein merkwürdiger Umstand, dass ausgerechnet
in jener historischen Zeit, in der stark auf individuelle Entscheidungsfähigkeit, auf die Freiheit der Person, auf Eigenverantwortung und Zu-
rechnungsfähigkeit von Menschen gesetzt wird, zugleich das Maß der
Abhängigkeit von nicht kontrollierbaren Voraussetzungen des eigenen
Verhaltens und Handelns enorm steigt – ebenso wie das Leiden daran.
Dass alles vernetzt ist, dass alles mit allem zusammenhängt, wie man
bisweilen spaßeshalber die Komplexität der Gesellschaft auf den Begriff
bringt, stimmt schlicht. Das Austarieren von Fremd- und Selbstkon-
trolle und Kontrollmöglichkeit und Kontrollverlust ist es, das durch den
Mechanismus des Vertrauens aufgefangen werden muss. Das zeigt sich
inzwischen darin, dass etwa in der Führung von Organisationen oder in
der Kindererziehung, auch in Bildungsprozessen und bei der Frage der
politischen Machtausübung zumindest in pluralistischen gesellschaftlichen Ordnungsformen nicht mehr Kontrolle, sondern Moderation,
nicht mehr eindeutige Steuerung, sondern Abweichungsverstärkung,
nicht mehr Eins-zu-eins-Korrelationen, sondern komplexe Beziehungen
vorausgesetzt werden. Der Verzicht auf Kontrolle setzt mehr Vertrauen
in Personen, in Strukturen, in Abläufe, in Selbstreparaturstrategien, in
Innovationsfähigkeiten usw. voraus.[8] Und gerade in einer volatilen Welt
sind vertrauensbildende Institutionen von besonderem Wert, weil sie
das Unkalkulierbare kalkulierbarer machen.

Sagbarkeiten

Und dennoch: Der Mechanismus des Vertrauens hat auch eine andere, im wahrsten Sinne des Wortes dunkle Seite. Lebensweltliches Vertrauen eröffnet Handlungsmöglichkeiten, hat sowohl eine Boden- als auch eine Horizontfunktion, setzt Entscheidungsfreiheit in Kraft und ist darüber hinaus auch die Bedingung dafür, mit ausreichend Unschärfe durch die Welt gehen zu können. Der lebensweltliche Boden ist zumeist nicht so eng gebaut, dass es keine Abweichungen gibt, und, wie bereits ausgeführt, das schließt weder Konflikte noch Dissens, weder Enttäuschung noch Lernprozesse aus. Das Vertrauen in die Welt, wie sie ist, die »world taken for granted«, wie es bei Alfred Schütz heißt, hat nicht nur jene ermöglichende, sondern auch eine begrenzende Funktion. Vielleicht kann man es so auf den Begriff bringen: Unsere lebensweltliche Perspektive versorgt uns vor allem mit Sätzen, an die wir uns gewöhnt und die sich im sozialen Raum bewährt haben. Am sichersten erscheint die Welt, wenn ich selbst und wenn andere diejenigen Sätze sagen, deren Informationswert die Grenzen meiner Welt nicht wirklich sprengt. Sprechweisen, also der Fundus des Sagbaren, erleichtert Kommunikationsprozesse und sorgt für wechselseitige Bestätigung. Man kann das am besten an nicht ganz vertrauten sozialen Zusammenhängen beobachten. Wenn man in soziale Kreise oder in Funktionszusammenhänge gerät, die man nicht gut kennt, lässt sich meistens einigermaßen dechiffrieren, worüber die Leute reden, aber man merkt auch, wie sehr sich die Sagbarkeiten der Teilnehmer dort ähneln und wie selbstverständlich bestimmte Formulierungen, Überzeugungen, Typisierungen, Stereotype und Gewohnheiten sind. Ich interessiere mich im Gegenstand der Soziologie viel weniger für die revolutionären, verändernden Potenziale, die oftmals im Vordergrund stehen, was durchaus auch etwas mit dem kritischen Milieu meines Faches zu tun hat. Viel erklärungsbedürftiger finde ich das Musterhafte, das Träge, das Persistierende, das Zeitfeste und das Selbstverständliche, das, was unbesehen gilt und das den Raum des Sagbaren und Denkbaren einschließt.

Dass die Abweichung mehr Aufmerksamkeit und mehr Begründungslasten erfordert, leuchtet sofort ein. Man könnte ein ökonomisches Argument daraus machen und betonen, dass es sich womöglich nicht wirklich lohnt, Abweichungen zu wagen, weil es viel zu riskant ist. Das setzt aber womöglich mehr Kalkül und Rationalität voraus, als tatsächlich anzutreffen ist. Es ist eher die energiesparende Form der Sicherung von Anschlussmöglichkeiten, die den Anschluss strukturierbarer macht – und so gewöhnen wir uns beim Sprechen sowohl an unsere eigenen Sätze als auch an die Reaktionen unserer Mitmenschen, an die Pfadabhängigkeit von Systemen und an die Bandbreite von Abweichungsmöglichkeiten.

Blinde Flecke

Wie schwer es ist, von bewährten Sätzen und Perspektiven Abstand zu nehmen, lässt sich deutlich daran beobachten, wie sehr sich deutsche Regierungspolitik an die eigenen Beschwörungen gewöhnt hat, dass Handelspartner nicht aufeinander schießen und ein Interesse an langfristiger Wechselseitigkeit haben. Dieses Konzept ist nicht falsch und war eines der größeren Verheißungen nach dem Ende der Sowjetunion und dem Ende der bipolaren Ordnung. Wer jetzt vorschnell behauptet, das Konzept sei an sich falsch, liegt falsch. Aber dass man an dem Konzept auch nach seiner offenkundigen empirischen Dementierung noch festhält, nachdem Russland seit mehr als einem Jahrzehnt sich eben nicht als friedliebender Partner gezeigt hat, sondern als Aggressor an den Rändern seines eigenen Einflussgebietes, nach der Annexion der Krim als ein Aggressor, der sogar an der Ostflanke Europas vor einem Angriffskrieg nicht zurückschreckt, ist schon erklärungsbedürftig. Man hat sich so sehr an die Sätze gewohnt, die man immer wieder gesagt hat, dass der Bundeskanzler noch recht kurz vor dem Angriffskrieg gegen die Ukraine Nordstream 2 für ein rein privatwirtschaftliches Unterfangen gehalten hat. Der Aufmarsch russischer Truppen in den Wochen zuvor wurde zwar als warnendes Signal betrachtet, aber in Kombination mit Putins geschichtsphilosophischen Reflexionen des Jahres 2021 waren das doch eher Ankündigungen als Verdunkelungen.[9]

Bis zur letzten Patrone – wenn dieses Bild hier erlaubt ist – gelang es offensichtlich, an den gewohnten Sätzen festzuhalten. Und das ist kein parteipolitisches Argument. Beteiligt war nicht nur Schröder bis 2005 – der offensichtlich von Putin schon sehr früh angefixt wurde und sich als der eitle Typ herausgestellt hat, den man schon länger kannte –, sondern auch die Merkel-Regierungen danach, wiewohl sich Merkel anders als viele SPD-Politiker nicht die geringsten Illusionen über den russischen Diktator gemacht hat. Sie kannte das alles ohnehin von Näherem – und hat doch auch an die Lebenslüge geglaubt, die nun allzu offenkundig wird.

Die Dinge rein ökonomisch zu erklären, wäre übrigens naiv, denn einen größeren ökonomischen Fehler, als sich von einem Lieferanten in einer existenziellen Frage abhängig zu machen, konnte es gar nicht geben – um das zu beurteilen, muss man wirklich kein Ökonom sein. Ein ordentliches Unternehmen würde bei einer Bank, die genau hinsieht, für ein solches Geschäftsmodell wahrscheinlich keine anständige Kreditlinie bekommen. Man kann also davon ausgehen, dass es kein fehlgeleitetes Nutzenkalkül war, sondern schlicht Gewohnheit. Es läuft ja, oder fließt – wie sagt man beim Gas? Man hat sich einlullen lassen und vertraute dem Offensichtlichen: Die Preise waren stabil, der Lieferant war vertragstreu, und die Warner, die es ja gab, wurden nicht gehört. Im politischen Raum waren es fast ausschließlich die Grünen. Wer die entsprechenden Clips aus dem Wahlkampf 2016 von Robert Habeck und aus einem der Trielle aus dem Wahlkampf 2021 mit Annalena Baerbock ansieht (die sozialen Netzwerke sind voll davon, leicht zu finden), kommt ziemlich ins Stocken. Es sind die beiden, die gerade in ihren Ämtern den Mist wegräumen müssen.

Und in eher richtig linken/aber auch Mitte-linken/linksliberalen Milieus kommt noch hinzu, wie sehr man sich daran gewöhnt hat, auf eine notwendige Äquidistanz zwischen Amerika und Russland hinweisen zu müssen – viele bedeutende Akteure gerade aus der regierenden Mitte-links-Partei haben das immer wieder betont. Und man muss zugeben: Die USA haben es als führende Macht des Westens auch nicht immer leicht gemacht, zumal ab 2016, und sie stecken selbst in einer radikalen Demokratiekrise in einem polarisierten Land. Dessen fehlende Form von vertrauensbildenden institutionellen Regelungen zur Ermöglichung von kontinuierlichen Lebensformen in einer volatilen Welt rächt sich mehr und mehr. Und doch kam das offensichtlich vielen Akteuren in Deutschland sehr gelegen, die biografisch immer schon wussten, dass die eigentliche Gefahr vom Westen und seinem Imperialismus ausgeht.

Ich könnte so weiterschreiben – und es ist leicht erkennbar, wie sehr der Text selbst in den Sog von Sagbarkeiten und blinden Flecken gerät. Gerade die jetzige führende Generation Mitte-linker Politiker hat in ihrer Jugend die Sagbarkeit dieser Sätze besonders an sich selbst erlebt – und ich kann mir diese Diagnose erlauben, weil ich nicht nur dieser Generation angehöre, sondern den Sound der Sätze auch aus dem eigenen Erleben memorieren kann und deklamieren könnte. Semantisch war die NATO der Feind. Die Nachrüstungsdebatte Anfang der 1980er-Jahre – die jetzigen Protagonisten waren da in ihren 20ern – hat viel dazu beigetragen, sich früh an die Äquidistanzform zu gewöhnen. Viele der damaligen Teilnehmer an Sitzdemos gegen den Doppelbeschluss haben das vorherige Antigewalttraining für eine sicherheitspolitische Aktion gehalten, gewissermaßen als Antigewaltbekenntnis im Kleinen als Modell für die drohende Gewalt im Großen.

Ich habe letztens in einem Zeitungsartikel, zwei Tage nach Beginn des Krieges, bekannt, dass ich mich im Nachhinein für kaum etwas so sehr schäme wie für die Teilnahme an solchen Aktionen damals.[10] Nicht dass die damalige Friedensbewegung in den damaligen Zeitläuften auch ihr Recht gehabt hätte, aber das meiste davon war von einer völligen Verkennung der geostrategischen Situation, noch mehr aber von einer völligen Verkennung der Natur des sowjetischen Politikmodells geprägt. Richtige Linke übrigens haben diese selbstberuhigenden Geschichten, wie Antigewalttrainings oder Gewissensdiskurse, nicht mitgemacht, sondern wussten immer schon, dass die Gewaltdrohungen des Ostens die legitimen waren, nur die im Westen nicht.

Wahrscheinlich ist es so, dass man die größten Konsumkritiker unter den eher Betuchten findet, die Kritiker eines materialistischen Lebensstils unter denen mit materieller Sicherheit und das Gefühl mangelnder Freiheit unter denen, die große Freiheitsrechte genießen. Die damalige Situation kann man – wirklich sine ira et studio – wohl so ähnlich beschreiben: Die größten Probleme mit dem »westlichen« pluralistisch-demokratischen Lebensstil hatten wohl die größten Nutznießer dieses Modells. Sie haben ihr Bedürfnis nach Kritik, nach generationeller Abgrenzung und vor allem in Deutschland nach jeder Distinktionsmöglichkeit gegen die monströsen Verbrechen der Vorgängergeneration dazu genutzt, nach Alternativen Ausschau zu halten. Die Alternative hatte den Vorteil, dass sie semantisch mit dem Marxismus fast eine aufklärerische Anmutung hatte, dass sie geografisch nah war, aber durch den sogenannten Eisernen Vorhang doch so unglaublich fern, dass sie als Projektionsfläche dienen konnte. So schlecht, wie sich die Dinge später herausgestellt haben, konnte es dort gar nicht sein – und man hat sich gerne zu propagandistischen Reisen in die DDR einladen lassen, wo man mit einer Mischung aus exotischer Fremdheit und den Verheißungen des eigenen semantischen Potenzials in Distanz zu sich selbst gehen konnte – mit dem wunderbaren Ausweg, am Bahnhof Friedrichstraße oder an der Grenze Helmstedt/Marienborn wieder zurückzukönnen, was den anderen versagt blieb. Und die Behauptung von Konservativen, die Anti-NATO-Proteste seien ohnehin von Moskau und Ost-Berlin gesteuert oder zumindest semantisch aufgerüstet worden – auf dem damaligen Stand der Produktionsmittel noch ganz ohne Bots –, wurde geradezu als eine Bestätigung erlebt, wie sehr das Establishment mit seinem Antikommunismus zu verachten war. Dass die Vorwürfe, wie sich später herausstellte, weitgehend stimmten, ist von historischer Ironie geprägt.

Ich kann mich selbst noch an die Sagbarkeit bestimmter Sätze erinnern. Als Kriegsdienstverweigerer musste man eine Gewissensprüfung ablegen – und entweder hatte man sich semantisch in ein solches Gewissen hineingesprochen, um absurde Fragen einer Kommission bestehen zu können, oder man lenkte die Dinge um: In einer NATO-Armee zu dienen, kommt nicht infrage, aber Waffen für El Salvador zu sammeln, ist schon okay. Ich habe selbst den Satz mit der NATO-Armee gesagt, wurde dann aber ausgemustert.

Die dunkle Seite

Um nicht falsch verstanden zu werden: Es geht hier nicht um eine Abrechnung mit einer/meiner Generation. Das wäre auch naiv, zumal man die Dinge stets zeitmodalisiert in ihrem historischen Kontext sehen muss – und eben in ihrem lebensweltlichen. Was ich zeigen will, ist vielmehr dies: Die Kontinuität lebensweltlicher, lebensgeschichtlicher Sagbarkeiten und Denkungsarten, semantischer Potenziale und Taxonomien ist erstaunlich – und für die Beteiligten womöglich unsichtbar. Die Äquidistanzidee und das latente Misstrauen der NATO gegenüber – all das ist offensichtlich manchmal stabiler als die unmittelbare Evidenz. Was ich hier beschreibe, ist ein Beispiel für das, was ich die andere, die dunkle Seite des Vertrauens nennen möchte, man vertraut den eigenen Chiffren so sehr, dass man eben nicht so genau hinsehen muss. Die Skepsis gegen »den Westen« ist als lebensweltliches Immer-schon geblieben – schon damals mit einer interessanten Mischung aus popkultureller Bejahung Amerikas und reflexiver Kritik am Kapitalismus und einer liberalen Ordnung, von der man selbst profitiert. Wie genau Putin offensichtlich diese dunkle Seite kennt, ist die Instrumentalisierung der Mär von der Bedrohung durch die NATO – einer NATO, die anfangs sogar versucht hat, Russland aufzunehmen und einzubinden.

Es soll dies keine NATO-Apologie sein. Dass die NATO im Kalten Krieg ebenso wie der Warschauer Pakt globale geostrategische Interessenpolitik betrieben hat, ist unbestritten. Aber der kleine Unterschied ist eben, dass die Mitglieder der NATO größtenteils in der Lage sind, eine reflexive und selbstkritische Einstellung zu den eigenen Handlungen anzunehmen. Amerikanische Verbrechen in Vietnam, die fadenscheinige Begründung für den Irak-Krieg und anderes waren ebenso schrecklich – aber westliche Demokratien sind wenigstens prinzipiell zu Selbstkritik und zu Korrekturen in der Lage. Wer daran vorbeisieht, sitzt entweder den blinden Flecken der Äquidistanzthese auf oder hat den Unterschied zwischen liberalen/demokratischen politischen Ordnungen und Autokratien nicht verstanden. Letztere sind zu Selbstkritik und zu Regierungswechseln ohne Blutvergießen nicht in der Lage.

Nur auf dem Boden einer solchen merkwürdigen Erfahrungslage ist es wohl möglich, dass gerade in Deutschland das Vertrauen in den großen östlichen Partner unerschütterlich geblieben ist und auch nicht dadurch zu erschüttern war, dass es deutliche Vorboten für den heutigen Krieg gegeben hat. Für mich ist eine Schlüsselszene jene Situation während einer UN-Vollversammlung im Jahre 2018, in der US-Präsident Trump den Deutschen ihre existenzielle Abhängigkeit von russischem Gas und den Weiterbau von Nordstream 2 vorhielt – immerhin ist Trump ein Geschäftsmann, der etwas von Deals versteht, und dies war offenkundig ein schlechter Deal. Im süffisanten, empörten, bescheuerten Lächeln des anwesenden damaligen Bundesaußenministers Heiko Maas hat sich die ganze Misere wunderbar abgebildet. Wider alle Evidenz konnte Maas den Vorwurf abwehren, weil ja klar war, dass Trump zu keiner Wahrheit fähig sein konnte. Das stimmte meistens – hier aber nicht. Maas kommt mir auf Bildern vor wie die süffisante Reaktion auf Sitzdemos Anfang der 1980er, wenn Passanten vorbeikamen und auf die Bedrohungslage durch sowjetische Atomraketen hingewiesen haben. Damals hat man ebenso genau gewusst, dass es nicht stimmen kann, wenn die es sagen. Das ist die dunkle Seite des Vertrauens: Man sieht nicht hin, selbst wenn man mit der Nase darauf gestoßen wird.

Das angeführte Beispiel zeigt jedenfalls, wie sehr der Mechanismus des Vertrauens eben auch bedeutet, dass sagbare Sätze in ihrer Sagbarkeit so mächtig und persistent werden können, dass sie gegen alle Evidenz stabilisiert und wiederholt werden. Das ist ein deprimierender Hinweis auf die Bedingung von Lernprozessen. Das Vertrauen in bewährte Chiffren scheint manchmal größer zu sein als ihre empirische Dementierung. Genau das war die Funktion des Mechanismus des Vertrauens: nicht so genau hinsehen zu müssen.

Anmerkungen

1 Edmund Husserl: *Nachwort zu meinen Ideen zu einer reinen Phänomenologie und phänomenologischen Philosophie*. Hamburg 2009, S. 158.

2 Alfred Schütz: *Theorie der Lebenswelt 1. Die pragmatische Schichtung der Lebenswelt. Alfred Schütz Werkausgabe Band V.1*. Konstanz 2003, S. 57.

3 Vgl. Monika Wohlrab-Sahr: »Zwischen Besonderung und Konformität: Religiöse Konversion in soziologischer Perspektive«, in: Winfried Eckel, Nikolaus Wegmann (Hg.): *Figuren der Konversion. Schlegel-Studien 5*. Paderborn 2014, S. 25–55.

4 Armin Nassehi: »Der Fremde als Vertrauter. Soziologische Beobachtungen zur Konstruktion von Identitäten und Differenzen«, in: *Kölner Zeitschrift für Soziologie und Sozialpsychologie* 47 (1995), S. 443–463.

5 Ausführlich zu diesem Beispiel schon Armin Nassehi: »Vertraute Fremde. Eine Apologie der Weltfremdheit«, in: *Kursbuch 185: Fremd sein!*. Hamburg 2016, S. 137–154.

6 Eugen Kogon: *Der SS-Staat. Das System der deutschen Konzentrationslager*. München 1946.

7 Vgl. dazu das Gespräch mit Jan Philipp Reemtsma in diesem *Kursbuch*.

8 Vgl. Wolf Lotter: *Innovation. Streitschrift für barrierefreies Denken*. Hamburg 2018.

9 Vgl. dazu Martin Schulze Wessel: »Putins bedrohliche alternative Geschichtsschreibung«, in: *Ukraine Verstehen* (Zentrum Liberale Moderne) vom 28.07.2021. https://ukraineverstehen.de/schulze-wessel-putins-bedrohliche-alternative-geschichtsschreibung/. Der Text des russischen Präsidenten ist auf der Website des Kreml in englischer Sprache verfügbar: Vladimir Putin: »On the Historical Unity of Russians and Ukrainians«. http://en.kremlin.ru/events/president/news/66181

10 Armin Nassehi: »Die Rückkehr des Feindes«, in: *Zeit online* vom 25.02.2022. https://www.zeit.de/kultur/2022-02/demokratie-bedrohung-russland-ukraine-krieg-wladimir-putin/

Wo fängt Ihr Vertrauen an, und wo hört es auf?

Das Vertrauen klettert mit
Josef Brüderl

Dem Felsklettern ist die Gefahr des Absturzes inhärent. Der Kletterer will mit Körperkraft in die Höhe, doch wenn ihn die Kraft verlässt oder der Fels nachgibt, dann siegt die Schwerkraft. Um die Folgen eines Absturzes zu minimieren, sichern sich Kletterer (zumindest die meisten Kletterer, nur sogenannte Free-Solo-Kletterer verzichten auf jegliche Sicherung). Dazu bindet sich der Seilerste (der Vorsteiger) in ein Seil ein, schlägt Haken in den Felsen (oder benutzt bereits vorhandene Haken) und hängt daran mittels eines Karabiners das Seil ein. Am anderen Ende des Seils kann dann der Kletterpartner mit einem Sicherungsgerät einen Sturz des Vorsteigers nach wenigen Metern stoppen. Damit reduziert sich das Risiko von Verletzungen oder gar Tod deutlich.

Damit die Sicherungskette aber funktioniert, muss das Sicherungsmaterial (Seil, Haken, Karabiner) einwandfrei sein, und der Sichernde muss das Sicherungsgerät richtig bedienen. Und damit sind wir beim Thema »Vertrauen«: Als Kletterer muss man Vertrauen in das Sicherungsmaterial und den Sichernden haben. Ohne dieses Vertrauen kommt die Angst vor den Folgen eines Sturzes. Und Sturzangst blockiert Kletterer. Denn gemäß dem bekannten Motto »Der wichtigste Muskel beim Klettern ist der Kopf« (Zitat von Ausnahmekletterer Wolfgang Güllich)

43

reicht physische Kraft alleine nicht, um am Fels Topleistung zu erzielen. Psychische Ausgeglichenheit ist mindestens genauso wichtig.

Kletterer kennen diese Momente: Plötzlich kommt der Gedanke, ob man den Seilknoten am Klettergurt schon richtig geknotet hat? Und dieser Gedanke reicht aus, dass man sich nicht mehr traut, den nächsten wackeligen Kletterzug auszuführen. Oder man kommt an einen Haken, der wenig vertrauenerweckend (sic!) aussieht. Plötzlich ist das Vertrauen in die Sicherungskette weg, der »Muskel Kopf« schaltet auf Angst und der Kletterer versucht irgendwie, aus der Situation herauszukommen. Man kann eventuell zum letzten, sicheren Haken abklettern oder abspringen, auf jeden Fall ist die »saubere« Begehung durch mangelndes Vertrauen in das Sicherungsmaterial ruiniert.

Soziologisch interessanter als das Vertrauen in das Sicherungsmaterial ist das Vertrauen in den Kletterpartner. Der Kletterpartner muss im Falle des Sturzes des Seilersten den Sturz mittels eines Sicherungsgeräts halten. Sicherungsgeräte funktionieren aber nicht automatisch (heutzutage immerhin schon »halb automatisch«), der Sichernde muss mit seiner Bremshand den Sturz auffangen. Auch beim Einhängen des Seils in das Sicherungsgerät kann man Fehler machen, sodass es im Sturzfall nicht richtig bremst. Der Vorsteiger muss also darauf vertrauen, dass der Sichernde konzentriert bei der Sache ist und nicht an das schöne Bier nach der Tour denkt oder nebenbei eine Zigarette raucht.

Woher kommt aber dieses Vertrauen? Am offensichtlichsten aus Erfahrung. Deshalb haben die meisten Kletterer ihre langjährigen Kletterpartner, mit denen sie regelmäßig zum Klettern gehen und denen sie »blind vertrauen«. Im Klettersport ist eine »Seilschaft« eine gute Sache, weil Seilschaften Vertrauen schaffen. Wenn man dagegen zum ersten Mal mit einem neuen Kletterpartner unterwegs ist, kann man dem Vertrauen sogar beim »Wachsen zusehen«. Insbesondere wenn der neue Kletterpartner ein Anfänger ist. Man bringt ihm die wichtigsten Sicherungshandgriffe bei und klettert dann los. Aber man wird nicht an seine Leistungsgrenze gehen, weil man sich unsicher ist, ob der Neue einen Sturz würde halten können. Das volle Vertrauen ist noch nicht da. Erst mit der Zeit und wenn der Sicherer mal tatsächlich einen unerwarteten Sturz halten musste, entsteht es. Es dauert, bis das »blinde« Vertrauen da ist.

Anders ist es, wenn der neue Kletterpartner ein erfahrener Kletterer ist und regelmäßig mit anderen in Seilschaft unterwegs ist. Dann ist das Vertrauen meist unmittelbar da. Dies ist der aus der soziologischen Literatur bekannte Reputationsmechanismus. Vertrauen durch Reputation ist am stärksten, wenn der Neue schon mit meinen eigenen Kletterpartnern unterwegs war oder allgemein als guter Kletterer bekannt ist.

Eine weitere soziologisch interessante Frage ist, ob das Vertrauen in den Sichernden nicht auch »missbraucht« werden kann. In der spieltheoretischen Literatur geht man davon aus, dass eigeninteressierte »Trustees« (in die man Vertrauen setzt) ohne weitere institutionelle Regelungen das Vertrauen ausnutzen werden. In unserer Situation hieße das, dass der Sichernde nicht konzentriert bei der Sache ist, sondern lieber seinen eigenen Nutzen steigert, indem er nebenbei für ihn schöne Sachen macht. Dass dies keine gänzlich unrealistische Argumentation ist, zeigen immer wieder Unfälle, bei denen unkonzentriertes Verhalten der Sichernden als Ursache ausgemacht wird. Nun ist beim Klettern die Dilemmasituation allerdings nicht ganz so problematisch, weil hier der Trustee durchaus auch ein Eigeninteresse hat, das in ihn gesetzte Vertrauen nicht zu missbrauchen: Ein durch eigenes unkonzentriertes Verhalten verursachter Unfall ist für die meisten Menschen ein Super-GAU. Deshalb sind eigentlich die Anreize beim Klettern so, dass auch eigeninteressierte Menschen das in sie gesetzte Vertrauen nicht ausnutzen werden. Hinzu kommt, dass sich in ebenbürtigen Seilschaften Vorsteiger und Sicherer regelmäßig abwechseln. Deshalb wirkt der Reziprozitätsmechanismus dem Missbrauch des Vertrauens entgegen.

Das eigentliche Problem ist deshalb eine bekannte menschliche Schwäche: Gedankenlosigkeit. Insbesondere wenn das Klettern zur Routine wird, ist man doch mal nicht ganz bei der Sache und macht Fehler. Und hier haben es die Kletterverbände in den letzten Jahren tatsächlich geschafft, eine institutionelle Änderung durchzusetzen, um diese Fehleranfälligkeit zu reduzieren: den sogenannten Partnercheck. Bevor der Vorsteiger losklettert, überprüfen sich die Kletterpartner gegenseitig. Der Sichernde überprüft den Knoten, mit dem sich der Vorsteiger in das Seil eingebunden hat. Der Vorsteiger überprüft, ob der Sichernde das Seil richtig in das Sicherungsgerät eingelegt hat. Der Partnercheck – eine Institution, die Vertrauen schafft – wird inzwischen von den meisten Seilschaften – auch solchen, die schon lange gemeinsam unterwegs sind – praktiziert.

Das Verschwinden des Unwahrscheinlichen

Ein Gespräch mit Jan Philipp Reemtsma über soziales Vertrauen, Gewaltexzesse, Ukrainekrieg und vertrauensbildende Maßnahmen

Von Peter Felixberger und Armin Nassehi

»Es fällt mir
nicht einmal auf,
dass es mir
nicht auffällt.«

© Daniel Reinhardt

Kursbuch: Lieber Herr Reemtsma, beginnen wir mit einer eher lapidaren Frage: Warum trauen wir uns eigentlich jeden Tag aus dem Haus, was muss dafür gegeben sein?

Reemtsma: Je nachdem, auf welchem Teil unseres Planeten wir uns zu welcher Zeit aufhalten, wird diese Frage ganz unterschiedlich ausfallen. In bestimmten Teilen heißt es, warum ich mich aus dem Haus traue, ist, weil ich eine entsicherte Waffe in der Tasche habe. In anderen Weltteilen heißt es: Was zum Teufel soll die Frage? Das macht die Spannweite der Antwortmöglichkeiten deutlich. Die Antwort könnte also heißen: Es hängt davon ab, was ich für wahrscheinlich halte, was mir geschieht, und was ich für sehr unwahrscheinlich halte, eventuell sogar so unwahrscheinlich, dass ich gar nicht auf die Idee komme, daran zu denken. Es fällt mir nicht einmal auf, dass es mir nicht auffällt. Das halte ich für wesentlich, dass wir uns über viele Dinge keine Gedanken zu machen brauchen, sogar, dass es uns nicht einmal auffällt, dass wir uns keine Gedanken zu machen brauchen. Das ist für mich der Kern dessen, was ich soziales Vertrauen nenne.

Kursbuch: Sie schreiben, dass schon die Tatsache, dass man über Vertrauen kommuniziert oder kommunizieren muss, das Vertrauen infrage stellt. Ist Kommunikation über Vertrauen nie möglich, oder gibt es Modi, in denen das möglich ist?

Reemtsma: Ja, natürlich ist das möglich, und ich klammere mal aus, was wir jetzt gerade tun. Es gehört zum normalen Leben, dass immer mal wieder Fragen des Vertrauens thematisiert werden. Genauso, wie auch immer wieder Fragen des Misstrauens thematisiert werden. Es gehört zur Idee des sozialen Vertrauens, dass es geregelte Misstrauensdiskurse gibt. Ein Beispiel: Man macht darauf aufmerksam, dass man da und dort nach 24 Uhr lieber nicht mehr hingehen sollte. Es folgt ein kurzes Gespräch: Ach, meinst du? Früher war das doch unproblematisch, aber ich habe in der Zeitung gelesen, dass es dort einen Überfall gegeben hat. Und seitdem traue ich mich da nicht mehr hin. Aha! Das irritiert das normale Leben überhaupt nicht, sondern dies sind Vergewisserungsmodi, wie ich meine Befindlichkeit, mir nicht sonderlich Sorgen machen zu müssen, aufrechterhalte, indem ich mich besonders aufmerksam verhalten muss, oder was ich vermeiden muss, um mir darüber Gedanken zu machen.

Kursbuch: Vertrauen ist demnach eine Ermöglichung von Alltagserfahrungen. Interessant wird es dann, wenn das gestört wird, etwa durch Gewalterfahrungen. Gleichzeitig wird immer wieder versucht, dieses Vertrauen und eine gewisse Normalität herzustellen. Wie würden Sie das beschreiben, dass diese Alltagsermöglichung im Spiegel von Gewalteinfluss, Gewaltausübung bis hin zu Gewaltexzessen doch möglich ist?

Reemtsma: Sie haben hier unterschiedliche Probleme in ein großes Bündel geschnürt. Wenn Sie mir erlauben, etwas auszuholen: Wenn ich einen Vortrag halte, werde ich nicht groß darüber nachdenken, ob im Publikum jemand sitzt, der mit einem Messer auf mich losgehen könnte. Wir wissen aber, dass es passieren kann. Ich habe, wenn Sie so wollen, ein Gewohnheitsrecht, mir diese Gedanken nicht zu machen. Wenn etwas dergleichen trotzdem passiert, weiß ich zumindest – nehmen wir mal an, ich bin nicht lebensgefährlich davon betroffen –, was ich machen muss. Ich weiß zum Beispiel, dass ich die Polizei rufen kann, oder ich weiß, dass andere das tun können, und dann habe ich eine Aussicht auf geregelte Verfahren, diese Un-Normalität wieder in Ordnung zu bekommen. Ich habe also Strategien, die Normalität wieder in Kraft zu setzen. Ich bin nicht dumm und weltfremd, so dumm und weltfremd, dass ich der Meinung bin, diese Normalität könne nie aus dem Gleis geraten, aber ich weiß, dass ich mein Leben nicht führen könnte, wenn ich dauernd mit Un-Normalität rechnen muss. Es reicht, wenn ich weiß, was ich dann mache. Das ist der Kernsatz der Normalität.

Wenn die Normalität außer Kraft gesetzt ist, weiß ich, was ich machen muss. Das weiß ich aber nicht, wenn plötzlich ein Panzer vor der Tür steht. Wir kennen diese Momente, dass jemand plötzlich verhaftet wird und er kann sich keinen Reim darauf machen. Er wird versuchen, Normalität wiederherzustellen, indem er sagt: »Sind Sie dazu berechtigt, zeigen Sie Ihren Polizeiausweis!« Nehmen wir an, der andere zeigt den Polizeiausweis, dann sagen Sie: »Worum geht es?« »Kommen Sie auf die Wache, dann werden Sie es erfahren.« Auf der Wache wollen Sie Ihren Anwalt sprechen, kriegen aber stattdessen einen Schlag ins Gesicht. Dann wissen Sie: Hier ist eine ganz andere Normalität in Kraft gesetzt, eine, die ich überhaupt nicht überblicken kann. Es ist dieser erste Schlag, der die Normalität außer Kraft setzt. Übrigens, Kafkas *Prozess* ist ein Buch, in dem von Kapitel zu Kapitel neue Normalitätskonstruktionen außer Kraft gesetzt werden. Es beginnt mit »Sie sind verhaftet« am frühen Morgen, dann versucht der Protagonist, diese aus dem Gleis geratene Normalität durch neue Erwartungen immer wieder neu für sich herzustellen, damit er leben kann. Und von Mal zu Mal gelingt es ihm nicht. Das ist der Sinn dieses berühmten Buches: Menschen werden immer versuchen, neue Normalitätserwartungen herzustellen. Das machen sie entweder als Einzelne oder sie machen es kollektiv. Was machen wir jetzt, was ist hier eigentlich los? Und dann tauschen sie sich aus. »Ich glaube, das ist nur vorübergehend« oder so etwas. Historisch gesehen gibt es einige wenige Beispiele dafür, wie Normalitätserwartungen so gestört und zerstört worden sind, dass die Menschen das psychisch nicht mehr verkraftet haben und gewissermaßen eingegangen sind. Das ist selten, es ist erstaunlich, wie fähig der Mensch ist, neue Normalität(en) zu konstruieren. Sogar in so fürchterlichen und bizarren Umfeldern wie Vernichtungslagern gelingt es den Häftlingen, neue Normalitäten zu konstruieren und Neuankömmlingen beizubringen, die dann wieder von den Bewachern gezielt gestört werden, was wiederum versuchsweise in die Normalitätskonstruktion eingebaut wird. Man kann sich darauf nicht verlassen, aber macht trotzdem weiter.

Kursbuch: Eugen Kogon hat das relativ früh als Ordnung des Lagers beschrieben, auf der anderen Seite kennen wir aus der kriminologischen Forschung, dass Menschen, in deren Haus oder Wohnung eingebrochen wurde, oder Frauen, die vergewaltigt wurden, oder Kinder, die gequält wurden, sehr lange brauchen, bis sie wieder so etwas wie ein normalisierendes Verhältnis in die normalen Verhältnisse bekommen.

Reemtsma: Ich habe drei Hauseinbrüche hinter mir. Ich kenne die Mittel, die man da anwendet. Man duscht etwa sehr häufig. Man versucht, es symbolisch für sich so hinzukriegen, als wäre es eine Beschmutzung, die man wieder loswerden könnte. Und viele andere Dinge, die sehr einschneidend ins Leben eingreifen, führen immer wieder zu Normalitätsirritationen. Aber allen Menschen, die weiterleben, ist es gelungen, trotz allem, was sie erlebt haben, zu einer neuen Normalität zu finden. Das heißt nicht, dass sie darin glücklich sind. Normalität und Glücklichsein haben miteinander oft sehr wenig zu tun.

Kursbuch: Der für mich faszinierendste Satz in Ihrem Buch *Vertrauen und Gewalt* lautet: »In der Moderne besteht das Vertrauen ins Ganze darin, dass dieses Ganze nicht ins Spiel gebracht wird.« Den finde ich ...

Reemtsma: Das muss Ihnen gefallen, ja.

Kursbuch: ... wirklich großartig, weil er sich einerseits auf eine theoretische Form bezieht, aber auch ein sehr empirischer Satz ist.

Reemtsma: Ja.

Kursbuch: Wir kennen viele Auseinandersetzungen, vor allem politischer oder kultureller Natur, in denen jeder Satz tatsächlich das Ganze beinhaltet – man schließt vom Teil auf das Ganze, oder weil ein partikularer Satz nicht gefällt, muss alles andere auch falsch sein.

Wir kennen durchaus Diskurse, in denen wir womöglich genau diese Bedingungen der Moderne, wie Sie sie beschreiben, verloren haben. Haben Sie einen Eindruck, woran das liegen könnte?

Reemtsma: In der bürgerlichen Moderne dürfen wir alle mit der Erwartung leben, immer nur partiell angesprochen zu werden. Nach Rollen oder in welchem Funktionszusammenhang ich mich bewege. Ich stelle mich nur auf das ein, was man von mir innerhalb dieses Rahmens erwartet. Und wenn ich plötzlich an meinem Schreibtisch von meinem Vorgesetzten nach meiner Religionszugehörigkeit gefragt werde, bin ich alarmiert. Dann kann ich schrecklich durcheinanderkommen, oder ich weiß, es hat einen grauenhaften politischen Umschwung gegeben, sodass wir jetzt in einem Gottesstaat leben. Wenn zu viele meiner sozialen Funktionsmöglichkeiten gleichzeitig angesprochen werden, liegt etwas nach Maßstäben unserer bürgerlichen Moderne im Argen. Dann gerate ich mit meinen Normalitätserwartungen gravierend aus dem Gleis, dann passiert etwas vollkommen anderes. Sich auf etwas einzustellen, was in dieser Weise, jetzt nehme ich mal dieses Wort, totalitär wäre, wäre eine so dramatische gedankliche und Verhaltensumstellung nach 250 Jahren moderner Bürgerlichkeit, dass einem schwindlig werden kann.

Kursbuch: Das ist aber kein seltener Fall. Zum Beispiel Rassismus: Jeder Satz einer Person würde eingeordnet in die Totalität dieses Merkmals. Ähnliches kennen wir aus Debatten um sexuelle Orientierungen, und auch manche politischen Ideologien gehen so weit. Das ist keineswegs etwas, das in der Moderne selten vorkommt und womöglich sogar zunimmt.

Reemtsma: Ja, interessanterweise wird es dort mehr, wo Sensibilität dafür hergestellt wird. Die antirassistische Sensibilität, die es dankenswerterweise gibt, und wo es genügend Leute gibt, die das dankenswerterweise pflegen, benutzt andererseits sehr häufig einen solchen totalitären Übergriff. Das ist eine immens komplizierte Geschichte, für die wir ein Separat-Interview bräuchten.

Kursbuch: Wir beobachten seit Wochen Verhandlungsversuche zwischen ukrainischen und russischen Delegationen um einen Waffenstillstand als Voraussetzung für weitergehende Verhandlungen. Warum glauben Sie, dass diese Diskurssituation zwischen beiden Lagern im Moment keinen Antriebsschub bekommt? Waran liegt das? Hat das vielleicht mit einem letzten fehlenden Restvertrauen zwischen den Parteien zu tun?

Reemtsma: Das kann ich Ihnen nicht beantworten, ich bin ja nicht dabei. Deshalb wissen wir gar nicht, wie die miteinander reden. Wir wissen gar nicht, ob unser Eindruck richtig ist. Was wir wissen, ist, dass Friedensverhandlungen immer lange brauchen. Es muss nicht immer so lange dauern wie beim Westfälischen Frieden, wo ein schrecklicher Konsens gewesen zu sein scheint, dass man den Krieg auslaufen lassen musste, weil man nämlich nicht genug Geld hatte, um die Truppen zu bezahlen, und ihnen deshalb freie Hand zum Plündern lassen musste, weil man sie sonst selber auf den Hals gekriegt hätte. Es scheint also diesen Konsens gegeben zu haben, wir machen jetzt einfach weiter und nehmen uns die Zeit, weil es so unendlich viele Detailfragen zu lösen galt. Wenn Sie sich dieses Protokoll des Westfälischen Friedens angucken, dann geht es bis ins Komische hinein, was alles geregelt werden musste, aber es musste wohl, um nicht lauter Ecken zu lassen, an denen wieder neue große Konflikte ausbrechen konnten. Das heißt, eine solche Friedensverhandlung, auch wenn es um einen kleineren Konflikt geht, der erst wenige Wochen alt ist, muss, anders als ein bloßer Waffenstillstand, mögliche Konfliktauslöser antizipieren und regeln, wenn es ein einigermaßen guter Frieden sein soll. Und der Waffenstillstand ist das, was man vorwegschiebt, um sich gegenseitig zu versichern, dass man es ernst meint und den Frieden um einiges mehr will als den Krieg.

Kursbuch: Letztlich geht es um eine Verrechtlichung des Konflikts, also in dem Sinne, dass sich alle Vertragsparteien an einen ausgehandelten Vertrag oder an ein Abkommen halten. Wenn man sich die Kriegsparteien ansieht, jetzt abstrakter, nicht in diesem ganz konkreten Fall, dann wird man feststellen, dass viele der Bedingungen, die wir im binnenstaatlichen Raum kennen, auf internationaler Ebene nicht gelten. Sie nennen es das Kohärenz-Versprechen der Moderne durch Verrechtlichung, was im internationalen Rahmen sehr schwer aufrechtzuerhalten und nicht die Regel ist. Der Westfälische Friede in Kombination mit dem hundert Jahre älteren Augsburger Religionsfrieden hat beispielhaft eine Form wechselseitiger Erwartungssicherheit hergestellt, die zum Teil heute in Europa noch gilt. Die spannende Frage ist in diesem internationalen Rahmen: Wer stellt eigentlich das Vertrauen her, dass sich alle Parteien an die Regeln halten? Wenn man jetzt sagt, Russland habe das Völkerrecht gebrochen, kann das dem Aggressor relativ egal sein, weil es keine Dritten gibt, die in der Lage sind, das zu sanktionieren oder einzuhalten. Kann es überhaupt so etwas wie Vertrauen auf dieser internationalen Ebene, vor allem im Hinblick auf Militärisches, geben?

Reemtsma: Ja, das sehen wir doch. Ich meine, was war Europa nicht für ein Schauplatz von Kriegen über Jahrhunderte hinweg. Es ist für mich ein sehr schönes Beispiel, als ich einmal meinem Sohn erzählen musste, dass für meinen Vater, der ein Veteran des Ersten Weltkrieges war, die Idee, es gebe einen Erbfeind Frankreich, noch selbstverständlich war. Nicht, dass er so geredet hätte, aber es war ein Denken, in das er hineingeboren worden ist. Mein Sohn guckte mich an, als sei ich verrückt geworden. So etwas kann aus der Übung kommen, und ich glaube, dass es darum geht, dass so etwas aus der Übung kommt. Im Kalten Krieg gab es das Funktionieren der Abschreckung. Und es gab Momente, in der Kubakrise etwa, wo die politischen Hauptakteure, nämlich einerseits die Kennedy-Administration und andererseits Chruschtschow und die Leute um ihn herum, durch Zwischenträger sich so weit angenähert haben, dass zu dieser Vorsicht, mit Atomwaffen nicht zu leichtfertig zu agieren, etwas kam wie persönliches Vertrauen, etwa Signale von Chruschtschow: Ich habe diesen Weltkrieg mitgemacht, ich will das nicht noch mal. Gleichzeitig die Konzession der USA: Wir wissen, was euch stört, nämlich die Raketen in der Türkei, und die räumen wir ab. Und dann kommt wieder das große persönliche Vertrauen: Ihr dürft aber nicht sagen, dass wir euch das zugestanden haben, haltet ihr das durch? Und sie haben es durchgehalten. Die Russen haben die Raketen in Kuba abgezogen, die Amerikaner ihre in der Türkei. Das war natürlich die Vertrauensvoraussetzung für all das, was in den nächsten Jahren passiert ist und weshalb sie in Abrüstungsverhandlungen eintreten konnten.

Kursbuch: Das ist fast eine Parabel darauf, wie voraussetzungsreich vertrauensvolle Beziehungen und auch verrechtliche Beziehungen sind, im zwischenstaatlichen Bereich gewissermaßen in Reinkultur, weil es keinen Dritten gibt, anders als im innerstaatlichen. Man würde vielleicht fast vom Naturzustand reden, der dann international herrscht.

Reemtsma: International gilt der Naturzustand. Aber das ist das, was man gerne vergisst. Sie haben das Stichwort des Voraussetzungsreichen ins Spiel gebracht. Unser normales Agieren ist so ungeheuer voraussetzungsreich. Verbunden mit einer langen Geschichte von Normalisierungen und vollkommen unwahrscheinlichen Zuständen in früheren Zeiten. So könnte man Geschichte gut beschreiben: große Prozesse des Wahrscheinlichwerdens und des Unsichtbarwerdens des Unwahrscheinlichen – und plötzlich ist das alles wieder da.

Kursbuch: Die Frage, die sich angesichts des Krieges in der Ukraine stellt: Können sich die beiden Seiten jemals wieder vertrauen? Gibt es jemals wieder eine Möglichkeit eines Ausgangspunktes nach einem solchen Gewaltexzess? Historisch gesehen gab es immer wieder dieses Anfangsmomentum, an dem sich selbst nach Gewaltexzessen so etwas wie Vertrauen neu bildet?

Reemtsma: Es ist im Grunde immer wieder frappierend, wie schnell das gehen kann, ebenso, wie schnell sich ein friedlicher Zustand in einen gewalttätigen Zustand verwandeln kann. Es gibt sogar Kriege, die mit Erschöpfung enden. Das sind meistens Kriege, die nicht sehr stark staatlich organisiert sind. Die beiden Parteien stehen sich – das ist jetzt eher bildlich gesprochen – ein bisschen ratlos gegenüber und haben ein wechselseitiges Verständnis von »Wir lassen es jetzt!«. Das erstaunt und ist ein bisschen gruselig, weil es dieselben Leute sind, die vielleicht noch vor einer Woche die schrecklichsten Dinge angestellt haben. Und dann können sie plötzlich nebeneinandersitzen. Das schreckliche Massaker von My Lai wurde irgendwann abgeblasen, wie es bei vielen Massakern ist. Im 30-jährigen Krieg in Marburg wurde irgendwann die Trompete geblasen und die Plünderei war zu Ende, dann gab es zwar den Brand, den man nicht mehr bremsen konnte, aber auch in My Lai war es irgendwann zu Ende. Da sind die fürchterlichsten Dinge passiert, und dann hörte es auf. Und dann hat ein Teil dieser Soldaten an die Kinder, deren Freunde sie vor einer halben Stunde noch umgebracht haben, Candys verteilt. Und das Kind hat das Candy genommen. Auf einmal gab es eine Situation, in der sie sich gegenseitig vorspielten: Jetzt geht es wieder anders weiter. Man muss dies vielleicht eine Weile spielen, damit es Wirklichkeit wird. Sonst müssten alle schreiend auseinanderlaufen. Und das schreiende Auseinanderlaufen, so nahe es einem vielleicht liegt, könnte in eine neue Situation vollkommener Unberechenbarkeit führen. Da sitzen zu bleiben und darauf zu setzen: Jetzt ist es vorbei! Ich kriege keine Kugel mehr in den Kopf, sondern ein Stück Candy in den Mund. Darauf setze ich jetzt, denn es könnte sein, dass es stimmt. Und dann machen die das eine Weile, gucken sich freundlich an und lächeln. Und hinterher müssen die Leichen weggeräumt werden.

Kursbuch: Was wieder ein Hinweis darauf ist, dass es, ich verwende jetzt doch diesen komischen Begriff der vertrauensbildenden Maßnahme, besser ist, zu sagen, Vertrauensbildung ist offenbar eine praktische Frage und keine theoretische.

Reemtsma: Ja, es ist eine praktische. In Anwendung auf unser Candybeispiel. Möglichkeit 1: »Es hat sich wirklich etwas geändert!« Oder Möglichkeit 2: »Gibt er mir das jetzt, weil er mich umbringen will, und bereitet er damit nur den nächsten Gewaltakt vor?« Es steht in meiner Freiheit, auf die eine oder andere Karte zu setzen, nur was daraus wird, entzieht sich dieser Freiheit wieder.

Das Gespräch fand am 28. März 2022 per Zoom statt. Jan Philipp Reemtsma in Hamburg, Armin Nassehi in München und Peter Felixberger in Erding.

**Wo fängt Ihr Vertrauen an, und
wo hört es auf?**

Gerhard Thiele

Beziehung zu mir selbst

»No bad thoughts today!«

Das
hätte jetzt nicht sein
müssen. Der Film, der gerade in
meinem Kopf abläuft, ist vorübergehend
unterbrochen. Haben wir etwas, habe ich
etwas vergessen? Einmal durchatmen. Der Film
läuft einfach weiter, ich versuche mich wieder in das
sorgfältig choreografierte Ablesen der Instrumente ein-
zuklinken. Dass alle Zeiger in der Position sind, in der sie
stehen sollen, dass alle Anzeigen die Zahlen zeigen, die ich
lesen will, hat etwas Vertrauenerweckendes. Das Vertrauen
darauf, dass sie das auch noch in den nächsten achteinhalb
Minuten tun werden. Schließlich liege ich, festgezurrt mit
breiten Gurten, auf meinem Sitz in der amerikanischen
Raumfähre Endeavour. Noch eine kleine Minute, dann
werden die Triebwerke zünden, die uns in eine Erd-
umlaufbahn bringen sollen. Dass sie dies auch
tun werden, weiß ich in diesem Augenblick
nicht. Doch ich glaube fest daran.
Und deswegen vertraue ich
darauf.

Aber was für ein Vertrauen ist das? Ist das ein Vertrauen in die Zuverlässigkeit der Technik? Jetzt sind es nur noch Sekunden, bis die Turbopumpen sich über 350-mal in der Sekunde zu drehen beginnen und dabei eineinhalb Tonnen Treibstoff in die noch friedlich schlummernden Triebwerke pumpen werden. Mir bleibt nur ein Letztes: zu hoffen, dass alle, wirklich alle, ihren Job genauso sorgfältig erledigt haben, wie ich das von mir so gerne glauben möchte. Es ist mehr als nur eine Hoffnung, ich muss in diesem Augenblick darauf vertrauen können.

Worauf gründet sich dieses Vertrauen? Das ist gar nicht so leicht zu verstehen. Denn Vertrauen ist nicht alleine eine Funktion bisheriger Erfahrungen, erfolgreicher Wiederholungen, unzähliger Tests und noch viel mehr Trainingseinheiten, eine Funktion, die sich gleichsam mathematisch berechnen ließe. Wir sagen mitunter, Vertrauen müsse entstehen, es müsse wachsen. Doch damit machen wir zwei grundlegende Annahmen, die beide nicht gerechtfertigt scheinen. Zum Ersten kann nur da etwas entstehen oder wachsen, wo vorher nichts gewesen ist. Es müsste also, bevor Vertrauen entstehen kann, ein Nichtvertrauen, wenn nicht gar ein Misstrauen, oder etwas schwächer einen Zweifel gegeben haben. Das kann der Fall sein, aber es ist keine notwendige Voraussetzung für Vertrauen. Wie sonst könnte das völlig hilflose Neugeborene sich voller Urvertrauen auf seine Mutter oder seine Umwelt verlassen? Zum Zweiten ist ein Wachstum aus einem Nichts heraus kaum vorstellbar. Was aber sollte der Samen gewesen sein, aus dem

Vertrauen erwachsen kann? Das Urvertrauen, das uns in die Wiege gelegt ist?

Vertrauen ist eine Beziehung. Natürlich kannte ich nicht jede Einzelne, die in welcher Weise auch immer in die Vorbereitung meines Raumfluges eingebunden war. Dennoch gab es das unsichtbare Band, welches uns wenigstens für eine Zeit unauflöslich aneinanderknüpfte. Vertrauen ist an ein Gegenüber gebunden, nicht an Dinge. Wir mögen zwar sagen: »Ich vertraue der Technik«, aber meinen wir damit wirklich die Materialeigenschaften, das Design, die Funktionalität? Oder nicht vielmehr die Menschen hinter den Dingen, die, die sie erfunden, entworfen und gebaut haben? Verwenden wir das Wort Vertrauen im Hinblick auf Dinge, verkommt Vertrauen zu einer reinen Kopfsache. Es klingt wie eine Art Vertrauen zweiter Klasse. Vertrauen zwischen Menschen ist eine Sache des Herzens. Dazu muss ich dem Gegenüber nicht notwendig von Herzen zugeneigt sein. Man muss den anderen nicht mögen und kann sich unter bestimmten Umständen trotzdem blindlings auf sie oder ihn verlassen. Hier kommt eine letzte Kraft ins Spiel.

Vertrauen ist eine Haltung. Vertraue ich meinem Gegenüber, auch wenn dies durch keine vorigen Erfahrungen begründet erscheint? Die Frage des Vertrauens als Haltung wird so unversehens wieder zu einer Frage der Beziehung: Vertrauen – eine Beziehung zu mir selbst.

Islandtief (3)
AUSGESTOPFTE RIESENALKE UND VIRTUELLE BASSTÖLPEL
Die Berit-Glanz-Kolumne

Der Papageientaucher mit seinem großen Schnabel und den knall-orangenen Füßen ist ein werbewirksames Tier, eine Art farbenfroher Pinguin, nicht so groß, dass er seine Niedlichkeit verlieren würde, und nicht zu klein, sodass man ihn auf den vielen Vogelfelsen Islands sehr gut erkennen kann. Die größte Population des mittlerweile als gefährdet eingestuften Vogels, der zwar einem Pinguin ähnelt, aber seine Fähigkeit zu fliegen nicht verloren hat, findet sich in den Sommermonaten auf Island. In den steilen Klippen und Felsen der Insel lassen sich in diesem Zeitraum mehrere Millionen Papageientaucher-paare zum Brüten nieder. In den Wintermonaten ziehen die Vögel dann wieder hinaus auf das offene Meer, aber im Sommer leuchtet der rote Schnabel des Tieres zwischen den gras- und moosbewachsenen Felsen der isländischen Küste, ein ausgesprochen fotogener Farbkontrast. Vermutlich ist der Papageientaucher deswegen auf so vielen Tourismusprodukten des Landes zu finden, von Postkarten über Kühlschrankmagnete bis hin zu T-Shirts.

Wegen dieser Popularität heißen die vielen Touristengeschäfte, in denen überwiegend für Reisende interessante Produkte verkauft werden, darunter vor allem Souvenirs und lokales Design, auf Island auch »Lundabúðir« – Papageientauchergeschäfte. Die Anzahl dieser sogenannten Lundabúðir hat in den vergangenen Jahren im Kontext des Tourismusbooms extrem zugenommen. Viele Ladenflächen in der Innenstadt Reykjavíks sind mittlerweile von diesen Geschäften belegt, die ein buntes Potpourri aus in anderen Ländern billig produzierten Andenken, angeblich mit isländischem Design, und kleinen Mengen an genuin isländischem Handwerk anbieten. Mit der riesigen Bandbreite an Papageientaucherprodukten werden jährlich hohe Summen umgesetzt, das nationale Symboltier ist in allen seinen warenförmigen Erscheinungen ein Erfolgsprodukt.

Der Papageientaucher ist jedoch nicht der erste Vogel, der mit ausländischem Geld auf die Insel geholt wurde. Der mit dem Papageientaucher verwandte Riesenalk, isländisch »geirfugl« genannt, war als Vogel der erste große isländische Exporterfolg. Der einzige flugunfähige Alkenvogel wurde aufgrund seiner zunehmenden Seltenheit ab Ende des 18. Jahrhunderts immer begehrter. In der ersten Hälfte des 19. Jahrhunderts erzielten die Vogelbälger toter Riesenalke, ihre Eier und Skelette hohe Preise bei Sammlern und Museen.

Der um die 80 Zentimeter große und an Land schwerfällige Vogel nistet – wie auch der Papageientaucher – auf den Inseln des Nordatlantiks. Dort wurde er ab dem 16. Jahrhundert zur leichten Beute für ausgehungerte Seeleute, die die Tiere auf den einsam gelegenen Brutinseln im großen Stil abschlachteten. Da die Vögel sich nur ausgesprochen langsam vermehrten, waren sie rasch vom Aussterben bedroht. Selbst halbherzige Gesetzesänderungen, die beispielsweise das Schlachten der Vögel für die Daunenproduktion verboten, konnten das Ende der Riesenalke nicht verhindern.

Einer der letzten Zufluchtsorte der Tiere war die isländische Vogelinsel Geirfuglasker, ein steiler Vulkanfelsen, der für Menschen nur schwer zu erreichen und zu besteigen war. Aus den ersten Jahrzehnten des 19. Jahrhunderts gibt es zahlreiche Reiseberichte von internationalen Naturforschern, die auf der Suche nach den großen Vögeln und ihren letzten Populationen versuchten, die Klippen und Felsen vor der Küste Islands zu erreichen, allerdings vom gefährlichen Wellengang und den oft extremen Wetterbedingungen behindert wurden, die ein Landen an den Felsklippen oft unmöglich machten. Parallel war die Jagd auf die Riesenalke durch die Lokalbevölkerung um 1800 oft von Knappheit und Hunger motiviert. Die Vielfalt der in den Felsen vor Island brütenden Vögel und ihre Eier waren noch bis in das 20. Jahrhundert in den Sommermonaten ein wichtiger Teil des Speiseplans. Nach einem Vulkanausbruch im Jahr 1830 versank der Geirfuglasker im Verlauf einiger Monate im Nordatlantik und die Riesenalkpopulation siedelte auf den Vogelfelsen Eldey um.

Die knapp zehn Seemeilen vor der isländischen Küste gelegene Felseninsel Eldey ist vom isländischen Festland aus gut zu sehen. Sie steht wie eine Art Stumpf im Meer, mit einer großen ebenen Fläche an ihrer Spitze und steil abfallenden Klippen an den Seiten, deren höchster Punkt mehr als 70 Meter über den Meeresspiegel hinausreicht. In diesen aus dem Meer hinaufragenden Klippen nisten riesige Vogelpopulationen weitestgehend ungestört von Menschen, da die Insel nur schwer zugänglich ist. Erst im Frühsommer des Jahres 1894 wurde sie offiziell das erste Mal von drei isländischen Männern vollständig erklommen. Die jungen Männer mit Klettererfahrung stammten von den Vestmannaeyjar, einer vulkanischen Inselgruppe vor Island, in deren steilen Klippen die Lokalbevölkerung die Eier von Papageientauchern sammelt und sich dazu teilweise weit hinabseilt.

Als die Klippen von Eldey das erste Mal erklommen wurden, war der Riesenalk bereits mehrere Jahrzehnte ausgestorben. Da die Riesenalke nicht fliegen konnten, hatten sie in den unteren Regionen der Felsklippen von Eldey gesiedelt, waren also per Schiff erreichbar. Das Landen der Boote in den sich brechenden Wellen war jedoch so gefährlich, dass es nur mit großem persönlichem Risiko versucht werden konnte. Die Insel war also zunächst eine optimale Zuflucht für die Riesenalkpopulation, die zuvor auf dem Vogelfelsen Geirfuglasker gesiedelt hatte.

Als jedoch in Europa immer bekannter wurde, dass die an Land langsamen, aber im Wasser beweglichen Riesenalke vom Aussterben bedroht waren, begann eine riesige Sammelwut, die dazu führte, dass die letzten Exemplare der Riesenalke und ihre Eier von der Insel Eldey gefangen wurden. Die mit den Vogelbälgern erreichten Preise waren für die noch immer sehr arme Lokalbevölkerung außerordentlich lukrativ, weswegen die Jagd auf die Vögel immer intensiver geführt wurde.

Der in Reykjavík in den Sommermonaten Handel treibende Hamburger Kaufmann Carl Franz Siemsen hatte übrigens Kontakt zu Museen und Naturforschern, die in der Mitte des 19. Jahrhunderts, als kaum noch Vogelexemplare in freier Natur zu finden waren, fieberhaft nach Riesenalkbälgern und Eiern für ihre Sammlungen suchten. Siemsen hatte deswegen einen hohen Preis für lebende und tote Riesenalke ausgeschrieben, der im Sommer 1844 vier isländische Bauern dazu motiviert hat, nach Eldey zu fahren und dort nach Riesenalken zu suchen. Sie landeten mit dem Boot an der Felseninsel und fanden ein Paar, das sie sofort erschlugen.

Die 1844 getöteten Vögel waren die letzten lebenden Exemplare des Riesenalkes, die von Menschen gesichtet wurden. Zahlreiche Expeditionen zur Insel Eldey in den darauffolgenden Jahrzehnten bestätigten immer wieder, dass dort keine Riesenalke mehr zu finden waren. Die Sammelwut reicher Europäer und ihrer Institutionen hatte in Kombination mit der lokalen Armut der Isländer zum Ende der letzten Riesenalkpopulation geführt. Es wird vermutet, dass die meisten der international in Sammlungen vorhandenen knapp 80 Vogelbälger und Eier aus der isländischen Population stammen.

Die Herzen der letzten zwei Vögel von der Insel Eldey befinden sich im Naturkundemuseum in Kopenhagen, während ihre Bälger lange als verschollen galten. Mithilfe von DNA-Analysen konnte die Genetikerin Jessica Bevan mittlerweile zumindest teilweise bestätigen, was der Autor Errol Fuller in seinem Buch *The Great Auk* von 1999 bereits vermutet hatte: Eines der beiden letzten Exemplare befindet sich in einer Sammlung in Brüssel. Die ausgestopften Riesenalke des 19. Jahrhunderts wurden auf intransparenten Wegen gehandelt, ihr Fangort ist oft nicht exakt nachweisbar, und erst mithilfe von DNA-Analysen konnten einige der Herkunftsfragen zu den Vogelbälgern in internationalen Naturkundesammlungen beantwortet werden.

Lange fanden sich die aus Island kommenden Riesenalke zwar in verschiedensten internationalen privaten und öffentlichen Sammlungen, aber auf Island selbst gab es keinen einzigen. Auf der Ursprungsinsel der meisten international noch konservierten Riesenalkbälger gibt es erst seit 1971 auch ein ausgestopftes Exemplar, das bei einer Auktion bei Sotheby's ersteigert wurde. In den 1950er-Jahren hatte der isländische Ornithologe Finnur Guðmundsson der Universität Harvard eines der seltenen Eier abkaufen können und zur selben Zeit auch ein aus den Knochen verschiedener Riesenalke zusammengesetztes Skelett gekauft. Der ausgestorbene Riesenalk kam aber erst 1971 in ausgestopfter Version nach Island zurück.

Der mittlerweile im isländischen Naturkundemuseum beherbergte Vogel wurde nach einer ausgesprochen raschen, nur vier Tage andauernden Sammelaktion in der isländischen Bevölkerung für 9600 britische Pfund ersteigert. Der ausgestopfte Riesenalk befand sich zuvor im Eigentum des dänischen Adelsgeschlechtes Raben. Der Vogel war von einem zur Adelsfamilie gehörenden Grafen im Jahr 1821 persönlich auf Island erschlagen worden. Der Rückkauf des symbolträchtigen Vogels überschnitt sich mit der Rückkehr der ersten Saga-Manuskripte im Sommer 1971, dem vielleicht wichtigsten Nationalsymbol der Isländer.

Schon 1965 hatten Dänemark und Island ein Abkommen über die Rückgabe der Saga-Manuskripte und zahlreicher anderer Handschriften und Quellen unterzeichnet. Erst einige Jahre später kam es dann zur Rücklieferung. Für die erste Rückgabe von isländischen Manuskripten aus Dänemark, die 1971 per Schiff erfolgte, versammelten sich Tausende Menschen am Hafen von Reykjavík. Das Ereignis wurde als nationaler Festakt zelebriert. Auch der im selben Jahr heimkehrende Riesenalk wurde bereits am Flughafen in Keflavík stolz präsentiert und fotografiert. Der Riesenalk und die Saga-Manuskripte stehen als nationale Symbole auch für die Auswirkungen der jahrhundertelangen Unterdrückung der Isländer durch Dänemark und die bis in das 20. Jahrhundert hinein schwache Position der Lokalbevölkerung in globalen Handelsnetzwerken. Der aus eigenen Mitteln erzielte Rückkauf des Riesenalkes und die Rückgabe der Sagas waren Ereignisse, die das neue Selbstbewusstsein Islands symbolisierten, als aufstrebender Fischereination im Nordatlantik.

Die Ausrottung des Riesenalkes im 19. Jahrhundert zeigt einerseits, wie eng lokaler Naturschutz mit globalen materiellen Verhältnissen verknüpft ist, und andererseits, wie ausgestorbene Tiere als Symbole menschlicher Imagination weiterleben. Schon knapp zehn Jahre nach dem Aussterben der Riesenalke bereisten die britischen Ornithologen John Wolley und Alfred Newton Island, um die lokale Bevölkerung zu ihren Erfahrungen und Beobachtungen des Vogels zu interviewen. Seitdem sind unzählige Bücher, Ausstellungen und Forschungsartikel entstanden, die sich dem Riesenalk und seinem tragischen Verschwinden widmen. In der Gegenwart wird – mal mehr und mal weniger realistisch – darüber nachgedacht und diskutiert, ob man den Vogel mithilfe erhaltener DNA wieder zum Leben erwecken könnte.

Der Riesenalk ist weit über Island hinaus zu einem Symbol für die menschengemachte Zerstörung der Natur geworden. Seit 2010 blickt deswegen eine Riesenalk-Bronzestatue des Künstlers Todd McGrain, die im Kontext seines *Lost Bird Project* entstanden ist, von einem Platz auf der Halbinsel Reykjanes auf die Insel Eldey, und auch in Reykjavík steht bereits seit 1998 ein Riesenalk aus Aluminium der Künstlerin Ólöf Nordal mit Blick aufs Wasser direkt am Meer. Aluminium, das Material, aus dem Nordals Riesenalk erstellt wurde, verweist auf die große Menge an Natur, die auf Island in den letzten Jahrzehnten für die globale Aluminiumindustrie geopfert wurde. Die Riesenalkstatue Nordals zeigt, dass globale Marktverhältnisse auch weiterhin starken Einfluss auf die isländische Natur nehmen – das Schicksal des Riesenalkes ist kein Einzelfall.

Die Insel Eldey, der letzte Wohnort der Riesenalke, steht schon seit 1940 unter strengem Naturschutz, denn dort brüten jeden Sommer um die 15 000 Basstölpelpaare. Im Gegensatz zum Papageientaucher, dessen Population ständig abnimmt, gilt der Basstölpel jedoch mittlerweile als nicht mehr gefährdet. Die wachsende Population auf der Vogelinsel ist ein Beispiel für gelungenen Naturschutz. Um das Bedürfnis internationaler Vogelfreunde zu erfüllen, die Vögel auch im Naturschutzgebiet zu beobachten, wurde eine Webcam installiert, mit der man die Basstölpel beim Brüten beobachten kann. Mit dem Helikopter wurde solarbetriebenes Gerät bereits 2008 auf die Vogelinsel gebracht und ermöglicht seitdem allen Interessierten, in ihrem Browser den Basstölpeln zuzuschauen. Die technologische Entwicklung bedeutet auch, dass die lebenden Vögel heute im virtuellen Raum zu beobachten sind. Der Zugang zu seltenen Tieren erfolgt in unserer Gegenwart nicht mehr über ausgestopfte Exemplare in Sammlungen. Schaute man in den letzten Wochen die Webcam-Bilder von der Insel Eldey an, fiel einem jedoch auf, dass in den Aufnahmen zahlreiche tote Basstölpel zu sehen sind. Im April 2022 ist die Vogelgrippe nach Island gekommen, selbst der abgeschiedenste Felsen im Nordatlantik ist von der internationalen Virenzirkulation nicht isoliert.

Rafaela Hillerbrand

Wie funktioniert eine Mikrowelle?

Ein Vermittlungsversuch zwischen Technikskepsis
und Technokratie

Die Vertrauenskrise der Technik

Was uns vertraut ist, dem vertrauen wir. Oder umgekehrt: Was uns nicht
vertraut ist, dem misstrauen wir. Dies gilt insbesondere für den Umgang mit Technik – bekannt als »Paradoxon der Neuartigkeit« (Nida-
Rümelin). Neuartige Gefahren schätzen wir höher ein als vertraute,
insbesondere kontinuierliche Gefahren. So akzeptieren wir jährlich mehrere Tausend Todesfälle im Straßenverkehr durch – wie es so schön
heißt – eine nicht angepasste Geschwindigkeit. Dabei ließe sich sowohl
durch politische Maßnahmen, etwa Geschwindigkeitsbeschränkung, als
auch durch technische Maßnahmen, zum Beispiel ein automatisches Li-
mit nach Beschilderung, eine deutliche Reduktion der Toten im Straßenverkehr erreichen. Wir sind an den Autoverkehr gewöhnt. Ähnlich
hat die Generation, die mit sozialen Medien aufgewachsen ist, weniger
Berührungsängste und Vorbehalte, was den Datenschutz angeht, als die
Non-Digital-Natives.

Vertrauen in Technik darf als Grundlage nicht nur auf dem Vertrauten oder dem Gewohnten aufbauen, sondern auch auf dem Verstehen.
Technik sowie technische Fähigkeiten und Entwicklungen, insbesondere
neue technische Entwicklungen, müssen auch verstanden, begriffen und
aus einem breiteren Kontext heraus hinterfragt werden. Aber was ist Verstehen mehr als Gewöhnung? Wie lernt ein kleines Kind, sich in der Welt
zurechtzufinden, lernt, was erlaubt und was verboten ist, oder auch nur,

was ein Gegenstand ist? Vielleicht hat dies mehr mit Gewöhnung zu tun als mit dem, was wir echtes Verstehen oder Begreifen nennen. Vielleicht ist sogar das Verständnis unserer komplexesten wissenschaftlichen Theorien, von der Quantenmechanik bis zur Differenzialgeometrie, vorwiegend ein Gewöhnungseffekt. Sicherlich müssen gewisse kognitive Voraussetzungen erfüllt sein, um sich in diesen Theorien zurechtzufinden, aber vielleicht ist ein wesentlicher Teil dessen, was wir als Verständnis deklarieren, einfach nur Gewohnheit, die mit der Fähigkeit des sicheren Navigierens durch komplexes Terrain einhergeht.

Dennoch ist ein reines Gewöhnen an Technik und eine *Anything goes*-Mentalität des technisch Machbaren unangebracht. Die negativen Folgen, die blindes Vertrauen in Technik nach sich ziehen kann, sind vielfältig: von den großen technischen Katastrophen des 20. Jahrhunderts, wie Bhopal, Piper Alpha oder Tschernobyl, bis hin zu den schleichenden Gefahren durch Klimaänderung, Datenschutz und Überwachungstechniken. Technik ist keine Naturerscheinung und keine wertneutrale Anwendung naturwissenschaftlicher Kenntnisse. Technik zielt mit der Generierung neuer Artefakte oder Prozesse immer auf die Umgestaltung der Lebenswelt und ist damit immer normativ: Die Diskussion oder zumindest die Auswahl der mit Technik zu erreichenden Ziele gehören dazu – auch wenn dieser normative Aspekt zum Teil kaum diskutiert wird. Selbst die Gestaltung eines einfachen Verbrennungsmotors setzt Wertungen voraus, die sich nicht in den beschreibenden Wissenschaften finden lassen. Die Effizienz eines Motors lässt sich mit den Methoden der Thermodynamik berechnen, aber damit der effizienteste Motor auch gebaut werden kann, bedarf es weiterer Kriterien: ökonomische, ökologische sowie Kriterien, die Wertungen miteinschließen. Dabei schränken insbesondere ökonomische Überlegungen das technisch Machbare stark ein.

Da die modernen Ingenieurwissenschaften ihren Ursprung in der Industrialisierung und damit in einer Zeit der Verschränkung von wirtschaftlichem Aufschwung mit technischem Fortschritt haben, sind Ingenieur*innen *gewöhnt*, ökonomische Bedingungen von Anfang an mitzudenken. Nachhaltigkeit, Aspekte des Klima- und Umweltschutzes oder breitere soziale Interessen hingegen werden oftmals als »von außen oktroyiert« empfunden. Aber hier liegt ein grundsätzlich falsches Verständnis von Technik vor – und damit auch von der Aufgabe der Ingenieur*innen. Technik zielt immer auf die Umgestaltung der lebensweltlichen Praxis. Technik nutzt auf der einen Seite Erkenntnisse und Einsichten der beschreibenden Wissenschaften, um auf der anderen Seite die Lebenswelt in bestimmter Hinsicht umzugestalten. Das gilt für das Fahrrad, das Mobiltelefon wie für den Netzausbau bei der Energiewende. Technik ist durch ihre Zielbestimmung auf die Umgestaltung unserer Praxis niemals wertneutral, und den Ingenieur*innen und der Ingenieurausbildung würde es gut zu Gesichte stehen, sich dieser Zwitterrolle bewusst zu werden. Auch die Hochschulen müssen entsprechend handeln – neben dem Fokus auf die klassische Technik, ergänzt um Ökonomie, muss in das Curriculum von Ingenieur*innen eine Reflexion auf die Ziele (und Methoden) von Technik verankert werden. Nur so können Ingenieur*innen Technik umfassend gestalten, und nur so kann verlorenes Vertrauen insbesondere in neue Technik wieder zurückgeholt werden.

Technik ist also immer mit meist impliziten Wertannahmen verbunden. Das wird vor allem dort sichtbar, wo wir uns nicht als Individuum für oder gegen den Gebrauch einer bestimmten Technik entscheiden können. Auch wenn es für viele keine realistische Option ist, sich im modernen Berufs- und Privatleben dem Autoverkehr oder den sozialen Medien zu entziehen, ist es doch völlig anders, wenn andere die Entscheidung für oder gegen eine Technik für mich treffen. Bei Entscheidungen für den Bau von Kernreaktoren, nuklearen Endlagern, elektrischen Überlandleitungen oder für den Einsatz von GMO im Freiland trägt das Individuum die Risiken, die Entscheidung wird aber von anderen getroffen. Ähnlich wie wir vertraute Gefahren niedriger einschätzen, trifft dies auch auf Risiken zu (Paradoxon der Risikowahrnehmung). Freiwillig eingegangene Risiken, zum Beispiel Rauchen, Extremsport usw., werden als viel kleiner eingeschätzt als unfreiwillige Risiken, etwa durch Kernkraftwerke oder Chemieanlagen. Und nicht zuletzt ist es auch eine ethische Frage, welches Risiko ich anderen auferlegen darf oder welches Risiko ich mir auferlegen lassen muss.

Technik als soziotechnisches System

Wir reden vom Vertrauen in Technik, aber Vertrauen ist eine Relation zwischen Menschen, und nur in einem reduktionistischen Sinn lässt sich von menschlichem Vertrauen in Artefakte und Prozesse sprechen. Vertrauen in Technik ist das Vertrauen der Bevölkerung in diejenigen, die Technik gestalten. Dies sind neben Ingenieur*innen als den Gestalter*innen im engeren Sinn auch die Entscheidungsträger*innen in Politik und Unternehmen, die etwa den Netzausbau in einer bestimmten Form vorantreiben. Hier wird oft ein Mangel an Vertrauen beklagt, insbesondere in Deutschland. Auch wenn sich die viel beschworene Technikfeindlichkeit der Deutschen nach einem Bericht der Deutschen Akademie der Technikwissenschaften (acatech) aus dem Jahre 2011 nicht bestätigen ließ, scheint hier doch einiges anders zu laufen als in den Nachbarländern. Unser Nachbarland Frankreich hat immer schon mehr Vertrauen in die Kernenergie gehabt; in Finnland werden aus Gründen des Klimaschutzes neue Kernkraftwerke gebaut, während bei uns selbst die Zurücknahme der Laufzeitverkürzung der restlichen drei Kernkraftwerke ein politisches No-Go darstellt.

Auch wenn es in diesem Beitrag weniger um einen Vergleich des Vertrauens oder des Mangels an Vertrauen in Technik in den verschiedenen Ländern geht, weisen diese Unterschiede darauf hin, dass Technik nicht allein aus Artefakten besteht, die für bestimmte Zwecke entworfen wurden und zum Teil für andere Zwecke gebraucht werden. Vielmehr ist Technik auch immer eingebunden in ein breiteres gesellschaftliches System: ein soziotechnisches System, das eben nicht nur Gestalter:in und Gebraucher:in von Technik kennt, sondern auch Institutionen, in die Technik eingebunden ist. Der Begriff Institutionen umfasst dabei in Anlehnung an Elinor Ostrom neben politischen und formellen Institutionen auch gesellschaftliche Konventionen. Auch können und dürfen die Risiken von Technik nicht allein auf die technische Ebene reduziert werden. So kann die technische Auslegung eines Kernkraftwerks die Wahrscheinlichkeit für Unfälle vermindern, aber auch Institutionen, wie in Deutschland die Reaktorsicherheitskommission, tragen zur Risikominderung essenziell bei.

Vertrauen in die Bürger*innen

Meist wird ein Mangel an Vertrauen in diejenigen attestiert, die Technik planen, gestalten, umsetzen, aber auch diesen Gestalter*innen von Technik mangelt es oft an Vertrauen, insbesondere an Vertrauen in die Bürger*innen. So wird vielerorts eine Technikfeindlichkeit der Deutschen gescholten – auch wenn empirische Belege dazu fehlen. Besonders deutlich zeigt sich der Mangel an Vertrauen in die Bürger*innen, wenn es darum geht, zur rationalen Gestaltung von Technik beizutragen. Wenn es um den lokalen Widerstand geht, hört und liest man oftmals, dieser wäre neben Unkenntnis vor allem ein Ausdruck von egoistischen Interessen der Anwohner. Zwar, so das Argument, würden viele Menschen Nachhaltigkeit als Ziel teilen und erneuerbare Energieträger als zentral ansehen, dennoch setzen sie sich gegen den Bau der entsprechenden Anlagen in der eigenen Umgebung zur Wehr und verhindern so eine nachhaltige Umgestaltung des Energiesystems. Ein Windpark wird zwar als erstrebenswerte nachhaltige Energietechnik angesehen, aber er soll doch bitte nicht in der eigenen unmittelbaren Umgebung gebaut werden, nicht im eigenen Hinterhof – *Not In My Backyard* (NIMBY).

NIMBY ist Ausdruck fehlenden Vertrauens in die Bürger*innen, denn die sozialwissenschaftlichen Untersuchungen, die sich mit Standortfragen und dem lokalen Widerstand auseinandersetzen, fanden mit großer Übereinstimmung heraus, dass die Annahmen der vermeintlichen

NIMBY-»Erklärung« nicht haltbar sind: Im lokalen Widerstand werden vor allem nicht egoistische Interessen artikuliert. Dennoch halten Vertreter aus Politik und Industrie hartnäckig an dieser empirisch falschen Erklärung fest. Dies hat sicherlich die verschiedensten Gründe. Einer davon ist die Geringschätzung der sozialwissenschaftlichen Forschung, ein anderer ist vermutlich die Bequemlichkeit, die uns gerne an überkommenen, aber für uns nützlichen Überzeugungen hängen bleiben lässt, obgleich sie bereits widerlegt sind.

Dabei könnte man viel lernen aus der sozialwissenschaftlichen Forschung zu NIMBY oder besser zum Non-NIMBY-Phänomen. Denn das eigentliche Phänomen ist, dass sich dieser vermeintliche Erklärungsansatz über Jahrzehnte hält, obwohl er empirisch widerlegt ist. Was aber zeigt die sozialwissenschaftliche Forschung im Hinblick auf Standortfragen? Zunächst weist sie uns darauf hin, dass der lokale Widerstand meistens mangelnde oder gar fehlende Transparenz, Beteiligungsmöglichkeiten sowie Fairness anprangert. Dies sind prozedurale Werte, die sich weniger auf die Entscheidung selbst als auf das Entscheidungsverfahren beziehen, die zur Standortentscheidung für ein Windkraftwerk oder eine Hochspannungsleitung führen. Transparenz erfordert, die Sachverhalte umfassend für die Zielgruppe aufzubereiten, die unter Umständen wenig Vorbildung in diesem Kontext und auch deutlich weniger Zeit als die Experten hat, um sich einzuarbeiten. Beteiligungsmöglichkeit bedeutet mehr als die Option, sich Gehör verschaffen zu können. Beteiligung zu ermöglichen, erfordert, die Hemmnisse, die ihr entgegenstehen, zu recherchieren und ihnen entgegenzutreten. Auch wenn es positive Gegenbeispiele gibt, ähneln Bürgerbeteiligungsverfahren oft noch den sprichwörtlich gewordenen Bauplänen, die sich in Douglas Adams' Galaxiereise im hintersten Keller befinden.

Die Einbeziehung prozeduraler Werte, die sich auf den Entscheidungsfindungsprozess beziehen, ist sehr wichtig. Technik hat meist ungewollte Nebenwirkungen – und sei es »nur« die Schatten- und Lärmbelastung für die Anwohner einer Windkraftanlage. Positive und negative Folgen von Technik müssen gegeneinander abgewogen werden.

Manchmal tragen nur einige wenige allein die Nachteile der Standortentscheidung, aber alle anderen profitieren in gleichem Maße. Um diese Ungleichheiten zu beseitigen, wird zum Teil auf der Ebene materieller Werte ein Ausgleich gesucht. So wird etwa denjenigen eine monetäre Entschädigung angeboten, welche die Lärmbelästigung eines Windparks oder die Risiken eines nuklearen Endlagers tragen. Lässt man die prozeduralen Werte hier außen vor, kann dies schnell nach hinten losgehen und wird womöglich als Bestechung wahrgenommen.

Hinzu kommt: Eine Bürgerbeteiligung bei Standortfragen hat immer auch mit konzeptionellen Problemen zu kämpfen. So sind häufig viele Vorentscheidungen bereits getroffen, bevor die Anwohner gehört werden. Wie weit sollte der Entscheidungshorizont bei Bürgerbeteiligungen ausgeweitet werden? An der Planung von Suedlink, der Hochspannungsübertragungsleitung aus den Windparks im Norden in die südlichen Regionen Deutschlands, wurden zunächst diejenigen beteiligt, die in der Umgebung der geplanten Trasse wohnten. Das ist von Nachteil für diejenigen, die erst zu Anwohnern werden, wenn der ursprüngliche Bauplan gescheitert ist und alternative Streckenläufe verfolgt werden, denn eine Beteiligung aller würde in einem infiniten Regress enden. Auch sind meist schon viele, zum Teil strittige Entscheidungen getroffen und stehen bei der konkreten Bürgerbeteiligung gar nicht mehr zur Disposition. Dies sind bei Suedlink etwa die Entscheidung für eine Energiewende hin zu weniger CO_2-Emissionen, für die Umstellung auf eine stärkere Einspeisung von erneuerbaren Energieträgern, für den Bau von Offshore-Windparks, für die Versorgung des ökonomisch starken Südens mit Windenergie aus dem Norden usw.

Vertrauen wagen. Das heißt vonseiten der Gestalter*innen von Technik, dass diejenigen, die Entscheidungen auf politischer, legislativer oder regulatorischer Ebene treffen, die Bürger*innen ernst nehmen und es ihnen über geeignete Institutionen ermöglichen, sich entsprechend zu äußern und einzubringen. Es bedeutet allerdings nicht, dass die Interessen direkt handlungsleitend sind, da es teilweise nicht möglich ist, alle potenziell Betroffenen zu beteiligen. Dies gilt besonders für Aspekte der Nachhaltigkeit, die explizit nachfolgende Generationen betreffen. In Beteiligungsverfahren sind zukünftige Generationen ebenso wie Kinder nicht (gleichberechtigt) berücksichtigt. Nachhaltigkeit ist jedoch aufgrund der langfristigen Folgen technischen Handelns ein zentraler Aspekt der Technikgestaltung. Es geht außerdem nicht darum, das zu tun, was der Mehrheit der geäußerten Interessen entspricht. Was die Mehrheit will und was ethisch richtig ist, können völlig verschiedene Anliegen sein. In der Technikfolgenabschätzung unterscheidet man diesbezüglich Akzeptabilität von Akzeptanz. Während Erstere ein normativer Begriff ist, ist Letztere ein empirisches Konzept. Gemeinsam sind beide aber sehr komplex. In der Technikgestaltung sollte insbesondere die Akzeptabilität stärkere Berücksichtigung finden, da es womöglich nicht nachhaltig ist oder anderen grundlegenden Werten widerspricht, was eine Mehrheit heute fordert.

Damit bedeutet Vertrauen wagen aufseiten der Technikgestalter*innen, die Bürger*innen und ihre Sorgen, Ängste sowie Interessen ernst zu nehmen. Der politische Diskurs über Technik beginnt hier allerdings erst. Informationen über Sorgen, Ängste und Interessen sind ebenso Input für den Entscheidungsfindungsprozess wie technische Daten und naturwissenschaftliche Gesetzmäßigkeiten. Nicht weniger, aber auch nicht mehr. Die eigentliche normative Auseinandersetzung beginnt erst. Interessen können Hinweise auf Werte geben (zum Beispiel, wenn bei Beteiligungsverfahren mangelnde Fairness und Transparenz kritisiert wird), aber Interessen sind keine Werte.

Technokratie und Gesellschaft in der Vertrauenskrise

Vertrauen wagen. Was bedeutet dies für Menschen, die der Technik bis zu einem gewissen Grad ausgeliefert sind, den Bürger*innen? Ebenso wie die Interessen, die etwa bei Standortentscheidungen geäußert werden, nicht mit berechtigten Werten gleichzusetzen sind, ist auch Skepsis gegenüber den Technikgestalter*innen angebracht. Technik kann unerwünschte und teilweise unvorhersehbare Nebenfolgen haben. Das lehren uns die technischen Katastrophen des 20. Jahrhunderts. Dem muss auf Ebene der Technikgestaltung adäquat Rechnung getragen werden. Auf der regulatorischen oder politischen Ebene wird hier auf Prinzipien wie das der Vorsorge oder der Risikominimierung rekurriert.

Der Soziologe Ulrich Beck hat eine Wende in der Moderne erkannt, wenn die durch die Gesellschaft selbst produzierten technischen Risiken ins Zentrum menschlichen Handelns und Denkens treten: »Es geht nicht mehr [nur] um die Nutzbarmachung der Natur, um die Herauslösung des Menschen aus traditionalen Zwängen, sondern [...] wesentlich um Folgeprobleme der technisch-ökonomischen Entwicklung selbst.« Becks Risikogesellschaft ist eine Sicherheitsgesellschaft. Sicherheit ist ein hehres Ideal, aber ein unerreichbares Ziel. Damit wird Becks Risikogesellschaft eine Gesellschaft in einer Vertrauenskrise. Mithilfe von Risikoanalysen, Nachhaltigkeitsbewertungen und anderen Methoden der Technikfolgenabschätzung versuchen Naturwissenschaft und Technik das durch die großen Technikunfälle des 20. Jahrhunderts verlorene Vertrauen wieder zurückzugewinnen.

Während der technokratische Ansatz zu Beginn Risiko noch als wertneutralen Begriff betrachtete, wissen wir heute, dass Risiko wertebehaftet ist. Es handelt sich bei Risiko um ein Konzept, das man in der Philosophie *ethisch dicht* nennt *(ethically thick)*, weil sich normative Wertungen und empirische Beschreibung mischen. In der einfachsten Definition des Begriffs Risiko als Schaden mal Eintrittswahrscheinlichkeit liefern die beschreibenden Wissenschaften Informationen über Wahrscheinlichkeit, während der Schaden gewisse Wertungen voraussetzt und damit über die rein beschreibenden Wissenschaften hinaus in den Bereich der Ethik verweist. Ähnlich gilt dies auch für andere technische Begriffe wie Sicherheit oder Nachhaltigkeit. Wenn wir sagen, eine Technik sei nachhaltig, machen wir eine Aussage darüber, wie diese Technik beschaffen ist, zum Beispiel, dass sie keine Treibhausgase emittiert. Wir nehmen aber gleichzeitig auch eine Wertung vor: Nachhaltig ist gut in einem ethisch-normativen Sinn.

Induktion und Ethik

Nicht nur die Begriffe, mit denen wir auf Technik Bezug nehmen, sondern auch die empirische Analyse selbst ist wertebeladen. Dies gilt für alle induktiv arbeitenden Wissenschaften. Dabei bezeichnet »induktiv« eine Methode, die aus einer endlichen Zahl an Beobachtungen einen allgemeingültigen Satz schlussfolgert, etwa derart: »Alle bisher beobachteten Schwäne waren weiß«, folglich: »Alle Schwäne sind weiß.« Als wissenschaftliche Hypothese wird diese Aussage überprüft und gilt im positiven Fall entweder als bestätigt oder bewährt. Die Feinheiten der wissenschaftstheoretischen Debatte sind hier unerheblich, wichtig ist aber, dass die Beobachtung immer nach einer endlichen Zahl an Beobachtungen abgebrochen werden muss. Wie lange man misst, also wie groß die statistische Basis sein muss, um die Hypothese »Alle Schwäne sind weiß« zu akzeptieren, hat damit zu tun, welche Implikationen es haben würde, wenn man die Hypothese fälschlicherweise als richtig annimmt oder fälschlicherweise als inkorrekt ablehnt. Beides kann verheerende Folgen haben. Das Beispiel der weißen Schwäne ist indes harmlos, aber wenn es um die Hypothese geht »Dieser Impfstoff hat keine relevanten Nebenwirkungen«, dann hat ein falsches An- oder Ablehnen der Hypothese unter Umständen gravierende Effekte. Diese sind nicht wissenschaftsintern zu beurteilen, sondern hängen von Werturteilen über die Krankheit oder die gegenwärtige Situation ab. Befinden wir uns in einer Pandemie? Wie schwerwiegend ist die Krankheit, gegen die geimpft werden soll? Treffen die möglichen Impfschäden und die Krankheit die gleichen Personengruppen? Die Antworten auf diese Fragen haben Einfluss darauf, wie groß die statistische Basis sein soll, um eine Aussage über die Hypothese treffen zu können. Und alle diese Fragen sind wertebeladen.

Diese Skizze der induktiven Gefahr, zu früh die Messreihe abgebrochen zu haben, legt ein (zu) sehr vereinfachtes Bild der Wissenschaften zugrunde. Eine verfeinerte Argumentation lieferte Heather Douglas im Jahr 2009 und zeigte, dass Wissenschaften generell wertebeladen sind.

Dabei ist es wichtig, zu betonen, dass die Wertebeladenheit kein Manko der Wissenschaften darstellt oder deren herausragende Stellung infrage stellt, wenn es um die Beschreibung der Welt geht. Es ergibt sich lediglich ein komplexeres Bild der empirischen Wissenschaften.

Wieder zwei Kulturen: Ethik und Technik

Das Reden über Technik in ethisch dichten Begriffen zeigt genauso wie die Wertebeladenheit empirischer Aussagen, dass es nicht ausreicht, sich in der Gestaltung von Technik auf die Expertise der empirischen Wissenschaften zu verlassen. Auch ist Technik durch ihre Zielorientiertheit auf Artefakte oder Prozesse, welche die Lebenswelt verändern, immer wertebeladen. Und eben diese Ziele gilt es zu hinterfragen. Die meisten heutigen Ansätze, die Vertrauen in Technik fördern wollen, gehen in Richtung Schadensbekämpfung. Die kürzlich auf EU-Ebene vorgestellten Richtlinien für künstliche Intelligenz (KI) etwa fordern mehr Transparenz der Technologie. Bei der Risikoanalyse geht es allgemein um Schadensminderung. Indirekt werden bestimmte Ziele zum Teil über die Forschungsförderung gefördert, aber auch hier liegt der Fokus darauf, negative Implikationen von Technik von vornherein mitzudenken, wie etwa beim RRI (Responsible Research and Innovation). Dies ist wichtig und richtig, muss aber ergänzt werden, denn Ansätze, die das Ziel von Technik auch in ethischer Hinsicht hinterfragen oder gestalten, gibt es bisher sehr wenig.

Dabei gilt es, eine breite Perspektive auf Technik als soziotechnisches System einzunehmen. Das kann erstens bedeuten, dass die technische Lösung nicht die beste ist. So bringt die Umstellung des Individualverkehrs auf Elektromotoren gewisse Vorzüge, aber der Umwelt ist mit Investitionen in den ÖPNV mehr gedient. Zweitens fragt es nach einer institutionellen Lösung, denn Ingenieur*innen sind keine Experten in Sachen Ethik. Heißt konkret, die Bürger*innen sind gut beraten, hier zuerst Technik, ihre Folgen und Nebenfolgen sowie ihre Ziele skeptisch zu hinterfragen. Neben der Kooperation mit Ethikexperten ergibt dies aufgrund der Dynamik des wissenschaftlich-technischen Fortschritts, der sich nur in Teilen prospektiv regulieren lässt, ein Desiderat nach Ethikausbildung von Ingenieur*innen. Während dies in den Niederlanden oder (Teilen der) USA bereits verankert ist, werden in Deutschland Ingenieur*innen noch nicht verpflichtend in Ethik ausgebildet.

Dies impliziert aber nicht nur eine Änderung im Curriculum, es erfordert auch von denjenigen, die Ethik lehren, ein Umdenken. Philosophen müssen nicht unbedingt von ihren akademischen Elfenbeintürmen herabsteigen, die zumindest eine gewisse Übersicht ermöglichen. Besser lässt sich die Anforderung an die Geisteswissenschaften mit einer Metapher ausdrücken: Die Philosophen müssen aus ihren Kaninchenbauten herauskommen, in denen sie sich mit fachspezifischen Fragen vergraben haben. Nicht dass es der Auseinandersetzung mit fachspezifischen Fragen nicht bedarf, aber für eben diese braucht es den metaphorischen Kaninchenbau. Es bedarf außerdem des Austausches mit den lebensweltlichen Problemen, wie sie die Technik schafft oder zu lösen versucht. Ein holistischer Blick auf Technik und Ziele, die sie verfolgt, ist nicht nur nötig, um Vertrauen in Technik zu gewinnen beziehungsweise zurückzugewinnen, sondern auch, um dieses Vertrauen wirklich zu verdienen. Es erfordert nicht weniger als ein Zusammenführen dessen, was Charles Percy Snow als zwei Kulturen beschreibt: Geistes- und empirische Naturwissenschaften. Methodisch sind sie getrennt, aber die komplexe Herausforderung einer rationalen Technikgestaltung lässt sich nur durch die Sichtweise beider im engen Austausch meistern.

Zukunft gestalten – das doppelte Janusgesicht der KI

Technikfolgenabschätzungen, wie Nachhaltigkeitsbewertungen, Risikoanalysen usw., helfen uns, die unerwünschten Nebenfolgen technischen Handelns besser abzuschätzen. Aber alle diese Methoden geben uns keine gläserne Kugel an die Hand, wie die Zukunft aussehen wird. Mit negativen und zum Teil unvorhergesehenen Folgen müssen wir lernen umzugehen. Und der Fokus auf die Möglichkeiten, die Technik eröffnen kann und in der Vergangenheit geöffnet hat, kann das Vertrauen und das Verständnis von Technik weiter fördern. Dabei gilt es zunächst zu betonen, dass nicht nur Gefahren von Technik nicht sicher sind und gegebenenfalls niemals eintreten, weswegen hier auch der Begriff Risiko zentral ist. Auch der Nutzen von Technik ist zumindest in Teilen unsicher. So wird beispielsweise als Argument für die grüne Gentechnik ins Feld geführt, dass sie das Potenzial bietet, das Welthungerproblem zu lösen. Allerdings ist der größte Teil der Forschung zur grünen Gentechnik nicht explizit darauf ausgerichtet, etwa dürrebeständige Pflanzen zu züchten. Gerade durch den großen Anteil von Industrie oder industrienaher Forschung in diesem Bereich ist es sehr fragwürdig, ob diese Chancen jemals realisiert werden.

Wir können Technik bewusst nutzen, um uns als Menschen ethischer verhalten zu können. Auch wenn hier ethische Ziele wie Gleichberechtigung nicht bewusst verfolgt wurden, hat Technik es einer Vielzahl von Menschen ermöglicht, gleichberechtigt am öffentlichen Diskurs teilzunehmen. In der Vergangenheit wurden zeitaufwendige Arbeiten im Haushalt, die dem entgegenstanden, zunächst an Bedienstete und später an die Ehefrauen delegiert. Die Waschmaschine hat auch emanzipatorische Bedeutung. Wenn wir heute ohne tierische Produkte leben wollen, ist dies nur durch den Einsatz künstlicher Düngemittel und damit durch den Einsatz von Technik möglich.

Wenn es um die Frage geht, wie uns Technik helfen kann, in einem ethischen Sinne besser zu werden, kommt der KI eine besondere Rolle zu. Sie bietet in ihrer heutigen Form, maschinelles Lernen oder neuronale Netze, ein mächtiges statistisches Tool zur Analyse sehr großer Datensätze (Big Data). Und sie bietet eine bessere induktive Basis und bessere Vorhersagen, etwa von Wetter, Börsenkursen oder Naturkatastrophen. Wir können durch KI aber auch unsere Nachhaltigkeitsbewertungen verbessern: Partizipative Technikfolgenabschätzung vermag mit

KI mehr Stimmen zu berücksichtigen; Standortentscheidungen müssten nicht nur auf den Input der sich engagierenden Bürger*innen angewiesen bleiben. Gerade die sozialen Bewertungen der Folgen von Technik könnten hiervon profitieren. Die Reduktion von Kinderarbeit beispielsweise kann unter gewissen ökonomischen und sozialen Umständen sogar gravierendere Schäden als Folge haben, als die Kinderarbeit selbst. KI bietet auch die Option, Konflikte besser zu verstehen und somit zu deren Lösung beitragen zu können. So nutzen die Vereinten Nationen Big Data und KI, um in Konfliktsituationen gesellschaftliche Gruppen am Diskurs beteiligen zu können, deren Meinungen sonst marginalisiert werden.

Mit KI haben wir ein überaus versatiles Instrument an der Hand, um uns in einer zunehmend komplexeren Lebenswelt zurechtzufinden. Wie alle Techniken geht auch die Nutzung von KI mit gewissen Risiken einher, federführend beim Datenschutz. Wie bei allen Techniken besteht die Gefahr des Gebrauchs für schlechte Ziele. Viele Deep Fakes fallen darunter. Vertrauen erfordert deshalb erstens, das technisch-materielle Design bewusst an ethischen Werten zu orientieren. Zweitens die Gestaltung der sozialen Einbindung der Technik etwa durch Schaffung institutioneller Rahmenbedingungen, damit diese Werte realisiert werden können und der »schlechte Gebrauch« reglementiert und entsprechend strafrechtlich verfolgt wird.

Man kann diese ethischen Herausforderungen als Janusgesicht der Technik bezeichnen. Auch eine gute oder ethisch neutrale Technik bietet die Option der schlechten Nutzung (non-intended oder Dual Use), und selbst der gute oder neutrale Gebrauch kann mit unerwünschten Nebenfolgen einhergehen. Spezifisch für die KI scheint sich aber noch ein weiteres Janusgesicht zu zeigen, und zwar eines in epistemischer Hinsicht: Zum einen kann KI als Tool der Analyse großer Datensätze zur Reduktion von Komplexität eingesetzt werden. Zum anderen aber ist KI selbst Quelle von Komplexität. So wird oftmals KI als Blackbox bezeichnet, welche die Nutzer*innen nicht durchschauen. Hier greifen ethische und epistemische Aspekte wieder eng ineinander, etwa wenn in einer KI-gestützten Bewerberauswahl bestimmte Personengruppen systematisch benachteiligt werden, KI aber in der Personalabteilung als neutrales Analysetool wahrgenommen wird. Gefährlich wird KI dort, wo ihr von außen zugeschrieben wird, eine neutrale, weil maschinelle Entscheiderin zu sein.

Diesen Anspruch kann sie nicht erfüllen, denn jede KI trainiert mit Daten aus unserer Lebenswelt – und diese sind durchsetzt mit Vorurteilen und Ungerechtigkeiten. Das zu realisieren, setzt ein grundlegendes Verständnis der Technik von KI voraus. Vertrauen kann und darf ich immer nur dem, was ich in Teilen kenne und auch in Teilen begreife. Dies impliziert Forderungen auf institutioneller Ebene: Forderungen nach Bildung zu Mathematik, Informatik, Naturwissenschaft und Technik (MINT) auf allen Ausbildungsstufen sowie lebenslange Bildungsangebote, um mit dem Wissenszuwachs zurechtzukommen. Wenn den meisten Menschen die Funktionsweise ihrer Mikrowelle oder die Verschlüsselung ihrer Bankdaten so undurchsichtig erscheinen wie Zaubertricks, fehlt für echtes Vertrauen die Basis. Um Technik zu gestalten, muss sie verstanden werden. Als Relation zwischen demjenigen, der vertraut, und demjenigen, dem vertraut wird, erfordert Vertrauen nicht nur etwas von denen, die Technik gestalten, also denen, die sich als vertrauenswürdig erweisen müssen. Es erfordert auch eine Bereitschaft zum Verständnis aufseiten derer, die vertrauen. Vertrauen ist nicht passiv, sondern ein für beide Relationsglieder, demjenigen, der vertraut, und demjenigen, dem vertraut wird, ein anspruchsvolles Tätigkeitswort. Nur wenn wir auf diese anspruchsvolle Weise wieder Vertrauen in Technik gewinnen, können wir sie auch zur bewussten Gestaltung unserer Lebenswelt hin zu einer besseren nutzen.

Literatur

acatech 2011: https://www.acatech.de/publikation/akzeptanz-von-technik-und-infrastrukturen/

Ulrich Beck: *Risikogesellschaft. Auf dem Weg in eine andere Moderne.* Frankfurt am Main 1986.

Heather Douglas: *Is Science Value-Free? (Science, Policy, and the Value-Free Ideal).* Pittsburgh 2009.

Charles Percy Snow: *The Two Cultures.* Cambridge 1959.

Tim
Felix
Uellendahl

VERTRAUEN
IN 90 MINUTEN

Zeit ist eine der wichtigsten Zutaten für den Aufbau von Vertrauen. Vertrauen zu schaffen kann Jahre dauern, es zu brechen, nur wenige Sekunden. Vertrauen kann aber auch ohne einen natürlichen Reifeprozess aufgebaut werden, beispielsweise in Extremsituationen oder in Szenarien, in denen gegenseitiges Vertrauen offensichtlich für alle von Vorteil ist. Mein beruflicher Alltag fordert von mir genau das: Ich bin Pilot. Ich vertraue meiner Crew, jeden Tag, ohne zu zögern, mein Leben an, obwohl ich diese Menschen teils kaum kenne.

Man trifft sich im Besprechungsraum das erste Mal, tauscht ein paar nette Wörter aus, beginnt mit der Flugvorbereitung. Im Cockpit werden Systeme eingestellt, Checklisten gelesen, Beladung und Betankung koordiniert. Dann werden die Triebwerke gestartet, wird zur Bahn gerollt und es geht in die Luft, alles innerhalb von 90 Minuten. Wie also gelingt es, dass sich Piloten nach etwas über einer Stunde Zusammensein wirklich vertrauen?

Der Schlüssel liegt in *Standard Operating Procedures* (SOPs). Gesetzgeber, Hersteller und Airlines definieren genau, wie das Flugzeug bedient werden soll: an welchem Zeitpunkt ein Schalter betätigt, ein Wort gesprochen oder gar auf etwas gezeigt wird. Alle kennen die exakten Handlungsabläufe der jeweils anderen, und sobald klar ist, dass diese die SOPs beherrschen und umsetzen, entsteht eine entspannte und vertrauensvolle Atmosphäre im Raum, lange bevor man überhaupt das Flugzeug betritt. Trotzdem können SOPs niemals alle möglichen Szenarien und Fehlerquellen abdecken.

An dieser Stelle kommt dem *Briefing* eine wichtige Bedeutung zu. An dieser Besprechung sollen alle Piloten teilnehmen (oft sind im Cockpit bis zu vier vertreten) und ihre Meinung zu der heutigen Situation zum Ausdruck bringen. Hier werden spezifische Gefahrenquellen des Fluges angesprochen: technische Defekte, unbekannte Flugplätze, schlechtes Wetter, aber auch strenge Zeitvorgaben, Müdigkeit oder die persönliche Emotionslage. Wenn ich frage, wie es geht, ist das keine Floskel! Ich will wirklich wissen, ob es irgendwo Stress gibt, ob jemand schlecht geschlafen hat, weil das einen direkten Einfluss auf unsere Sicherheit hat. Dabei gilt es nicht, Gefahrenquellen zu beseitigen, sondern zusammen Strategien zu entwickeln, Gefahren zu managen, um Fehler zu vermeiden. Zwischenmenschliche Fähigkeiten sind an dieser Stelle absolut gefragt. So schafft man Vertrauen ineinander.

Dass Piloten diese Fähigkeiten besitzen, wird durch das Auswahlverfahren der Airline sichergestellt. Bei der Selektion geht es zwar auch darum, fliegerische Fähigkeiten der Bewerber zu überprüfen, aber viel wichtiger ist, dass der Charakter stimmt. Man sucht weder Menschen, die sich fürchten, Entscheidungen zu treffen, noch will man Alphatiere, die ungeachtet anderer Meinungen alle Autorität an sich reißen und sich durchsetzen, koste es, was es wolle. Der Kreis von Menschen, der sich so nach vielen Jahren Ausbildung und Erfahrungen in einer Firma sammelt, ist dadurch von seiner Grundeinstellung aufeinander abgestimmt.

Dazu kommt, dass ein Pilot den hohen Ausbildungsstandards der Grundausbildung genügen muss, bevor es zu der Selektion kommt, und danach weitere Trainings sowie halbjährliche intensive Fortbildungen durchlaufen muss.

All dies ist streng gesetzlich geregelt. Auch die Trainings-konzepte werden andauernd verbessert. Das Ziel ist, Pilo-ten mit Wissen und Fähigkeiten, aber auch mit einer ge-wissen Attitüde auszustatten, damit sie auch im Ernstfall sich selbst und ihren Kollegen vertrauen können, mit nie da gewesenen Kombinationen von Fehlern und Gefahren umgehen zu können.

Wir sind das letzte Auffangnetz bei der Vermeidung kata-strophaler Fehler. Wenn alle anderen Vorkehrungen ver-sagen sollten, liegt es an den Piloten, die Passagiere und sich selbst irgendwie sicher auf den Boden zu bekommen. Vertrauen ineinander ist der wichtigste Faktor, um zu garantieren, dass dies gelingt. Jeden Tag.

Christopher Daase, Nicole Deitelhoff
Kooperative Sicherheit
Über Vertrauen und Misstrauen in der internationalen
Politik oder was uns der Krieg Russlands in der Ukraine lehrt

Einleitung

Am Anfang des Endes des Kalten Krieges steht die Frage nach dem Vertrauen. Kurz vor seinem ersten Gipfeltreffen mit Michail Gorbatschow
im November 1985 erklärte der amerikanische Präsident Ronald Reagan:
»Nationen misstrauen einander nicht, weil sie bewaffnet sind. Sie sind
bewaffnet, weil sie einander misstrauen«, und erhob damit das Misstrauen zu einer Grundkonstante der internationalen Politik. Wenige Tage
später, nachdem Reagan und Gorbatschow sich in Genf getroffen und
begonnen hatten, eine persönliche Beziehung aufzubauen, nahm Gorbatschow Reagans Faden wieder auf und antwortete: »Vertrauen ist nicht
schnell wiederherstellbar. Das ist ein schwieriger Prozess. Wir haben die
Zusicherungen des US-Präsidenten zur Kenntnis genommen, dass die
Vereinigten Staaten keine Überlegenheit anstreben und keinen Atom-
krieg wollen. Wir wünschen uns aufrichtig, dass diese Aussagen durch
Taten bestätigt werden.« Es folgten Jahre der Entspannung, der Abrüs-
tung und der Vertrauensbildung, die zum Ende des Ost-West-Konflikts führten.

37 Jahre später ist das Wagnis »Vertrauen« gescheitert. Mit dem Angriffskrieg gegen die Ukraine hat Russland nicht nur Völkerrecht und
zahlreiche Verträge und Vereinbarungen gebrochen, sondern auch die
Normen und Prinzipien verraten, die über Jahrzehnte entwickelt worden
sind, um die Stabilität der europäischen Friedens- und Sicherheitsord-

nung zu garantieren. Nicht umsonst wirft deshalb der Westen Russland einen Vertrauensbruch vor. Umgekehrt spricht Russland vom Vertrauensbruch der NATO. Das Versprechen, die NATO nicht nach Osten auszudehnen, das im Vorfeld der deutschen Wiedervereinigung gegeben worden sei, sei nicht gehalten und das Grundprinzip europäischer Sicherheit, die eigene Sicherheit nicht auf Kosten der Sicherheit anderer zu erhöhen, gebrochen worden. Es ist schwer vorstellbar, dass angesichts dieses *beiderseitigen* Gefühls, belogen und betrogen worden zu sein, in absehbarer Zeit wieder kooperative Sicherheitsbeziehungen aufgebaut werden können.

War die Politik des Westens naiv? In der gegenwärtigen Debatte über die Ursachen und Folgen des Kriegs in der Ukraine überbieten sich Kommentatoren aus Wissenschaft und Politik mit Schuldzuweisungen und -bekenntnissen, die Situation falsch eingeschätzt zu haben. Der Westen sei aus einem »langen politischen Tiefschlaf« erwacht[1] und müsse erkennen, dass seine »Politik des Vertrauens« eine Illusion gewesen sei[2]. Nun müsse die Russlandpolitik Deutschlands aufgearbeitet (Polenz, Roth) und ein neuer Referenzrahmen für die deutsche Außen- und Sicherheitspolitik entwickelt werden (Merz). Keine Frage, es sind Fehler gemacht worden. Aber 40 Jahre oder mehr unter Generalverdacht russlandfreundlicher Kumpanei und Blauäugigkeit zu stellen, ist der Komplexität der historischen Entwicklungen nicht angemessen und droht die falschen Lehren aus den gegenwärtigen Ereignissen zu ziehen. Eine seriöse Rekonstruktion dieser Zeit sollte nicht von Ressentiments und Verdächtigungen, sondern von Leitkonzepten ausgehen und nach ihrer Tragfähigkeit und Wirkung fragen. »Vertrauen« ist so ein Leitkonzept und soll deshalb im Zentrum dieses Essays stehen. Zunächst soll nach der Rolle von Vertrauen in der internationalen Politik gefragt werden, bevor die Versuche ihrer Institutionalisierung in der europäischen Sicherheitsordnung und ihr Scheitern thematisiert werden. Abschließend stellt sich die Frage, ob und wie Kooperation auch ohne Vertrauen denkbar ist und welche Folgen sich daraus für die europäische Sicherheitspolitik ergeben.

Vertrauen und Kooperation

In den internationalen Beziehungen wird Vertrauen traditionell eine untergeordnete Rolle zugeschrieben. Weil es keine den Staaten übergeordnete Instanz gäbe, die die Einhaltung gegebener Versprechen und eingegangener Abmachungen überprüfen und notfalls durchsetzen könnte, potenziell aber viel auf dem Spiel steht und die Sicherheit oder sogar die Existenz eines Staates betroffen sein könnte, wäre es leichtfertig, anderen Staaten zu vertrauen. Am radikalsten vertritt diese Skepsis die Denkschule des Realismus: Selbst bei Kooperation, die zum beiderseitigen Vorteil durchaus möglich sei, müsse immer darauf geachtet werden, dass die Kooperationsgewinne nicht ungleich verteilt sind und einer der Partner einen einseitigen Vorteil erzielen und ihn zum Nachteil des anderen ausnutzen könnte. Weil das internationale System letztlich ein Selbsthilfesystem sei, seien der Kooperationsfähigkeit der Staaten enge Grenzen gesetzt, denn Staaten können niemals sicher sein, dass »today's friend will not be tomorrow's enemy«[3].

Insbesondere Systeme kollektiver Sicherheit leiden unter diesem Vertrauensdefizit. Denn wenn Staaten sich gegenseitig versprechen, bei einem Angriff aus ihren Reihen dem Angegriffenen zu Hilfe zu kommen, aber kein Staat diesem Versprechen glaubt, weil es im Einzelfall immer gute Gründe gibt, sich aus einem Konflikt herauszuhalten, kann das System keine abschreckende Wirkung gegen potenzielle Aggressoren entfalten. Wenn zudem, wie bei den Vereinten Nationen, der Aggressor gegebenenfalls die Möglichkeit hat, über Gegenmaßnahmen mitzuentscheiden oder sie durch ein Veto zu verhindern, ist dieses System dysfunktional. Man kann allerdings die Verbindlichkeit des Versprechens erhöhen und das Vertrauen in die wechselseitige Kooperationsbereitschaft durch das Abschließen mehr oder weniger verbindlicher Verträge stärken. Das ist insbesondere dann möglich, wenn der unmittelbare Nutzen, zum Beispiel bei einer akuten Bedrohung von außen, ersichtlich ist. Systeme kollektiver Verteidigung, also Allianzen, gelten deshalb als effektiver als Systeme kollektiver Sicherheit: Der NATO wird eher zugetraut, die Sicherheit ihrer Mitglieder zu gewährleisten, als der UNO.

Es gibt folglich Situationen in der internationalen Politik, in denen durch ein höheres Maß an Vertrauen auch ein höheres Maß an Kooperation möglich ist, und umgekehrt ein höheres Maß an Kooperation zu mehr Vertrauen führt. Prozesse, bei denen Staaten schrittweise Souveränitätsrechte abgeben, um gemeinsame Entscheidungen mit dem Ziel treffen zu können, höhere Kooperationsgewinne zu erzielen, werden als Integration bezeichnet. Die Mitgliedsländer der Europäischen Union hätten zum Beispiel ohne eine gemeinsame Wirtschafts- und Finanzpolitik nie das Maß an Wohlstand erzielen können, den sie heute (wie selbstverständlich) genießen. Wie schwer es aber ist, Souveränität abzugeben und Vertrauen aufzubauen, sieht man an den Schwierigkeiten der EU, auch den Bereich der Außen- und Sicherheitspolitik, mithin die Verfügung über und die Organisation der Gewaltmittel stärker zu vergemeinschaften.

Aber was heißt Vertrauen jetzt konkret? Üblicherweise wird Vertrauen als dreigliedriges Konzept verstanden, bei dem ein Akteur A einem anderen Akteur B Vertrauen in einem Kontext C entgegenbringt, indem er annimmt, dass seine Kooperationsbereitschaft nicht enttäuscht wird. Vertrauen in der internationalen Politik herrscht also dann, wenn Staaten ihre wechselseitige Verwundbarkeit und die Ungewissheit ihrer Beziehung akzeptieren und annehmen, dass diese von der anderen Seite nicht ausgenutzt wird. Vertrauen heißt nach Niklas Luhmann, die Zukunft zu antizipieren und so zu handeln, als sei die Zukunft sicher. Damit widerspricht Vertrauen aber den Strukturbedingungen internationaler Politik, in der sich kein Staat sicher sein kann, von einem anderen ausgenutzt und schließlich dominiert zu werden.

Wie kommt also Vertrauen dennoch in die internationalen Beziehungen? Angenommen wird, dass eine Abwägung zwischen erwartetem Nutzen und erwarteten Risiken vorgenommen wird und bei positiver Nutzenerwägung ein Vertrauensvorschuss gegeben und Kooperation angeboten wird. Auf dieser Grundlage ist es dann rational, kooperatives

Handeln auch kooperativ zu beantworten und zum gegenseitigen Vorteil zusammenzuarbeiten. Dieses kalkulierte Vertrauen solle man allerdings besser »Zuversicht« oder *confidence* nennen. Es ist eine »dünne« Form von Vertrauen *(thin trust)*, die noch relativ eng mit Kontrolle arbeitet. Es gibt aber auch ein »dichtes« Vertrauen, bei dem nicht mehr abgewogen wird, ob ein Kooperationsangebot vielleicht ausgenutzt werden könnte. Wenn wie selbstverständlich davon ausgegangen wird, dass wechselseitige Kooperation stattfindet, herrscht (wirkliches) Vertrauen *(thick trust)*. Auch in der internationalen Politik gibt es Beziehungen, die so selbstverständlich und freundschaftlich sind, dass nicht bei jeder Handlung eine Kosten-Nutzen-Kalkulation vorgenommen werden muss. Solche Beziehungen kann man als vertrauensvoll bezeichnen.

Vertrauensbeziehungen sind also anders als Kooperationsbeziehungen, die auf reinen Kosten-Nutzen-Erwägungen basieren. Man könnte annehmen, dass solche Beziehungen stabiler sind, weil sie nicht bei jeder Krise infrage gestellt und neu austariert werden müssen. Vor allem aber erlauben Vertrauensbeziehungen höhere Kooperationsgewinne, weil Entscheidungsprozesse vereinfacht, Transaktionskosten gesenkt und Skaleneffekte erzielt werden können. Allerdings: Vertrauensbeziehungen sind auch riskanter als rationale Kooperationsbeziehungen, denn wenn sie scheitern, sind die Kosten ungleich höher. Und nicht nur das! Enttäuschte Vertrauensbeziehungen haben die Eigenschaft, auch die Bereitschaft zu rationaler Kooperation zu beeinträchtigen. Wenn das Vertrauen eines Akteurs enttäuscht wird, fällt die Kooperationsbereitschaft nicht einfach wieder auf das Niveau der Zuversicht beziehungsweise abwägenden Skepsis zurück, sondern wird affektiv zu generalisiertem Misstrauen. Vertrauen ist also ein Wagnis, zumal in der internationalen Politik, ein Wagnis, das hohe Gewinne verspricht, aber auch große Risiken birgt.

Vertrauen in der europäischen Sicherheitsordnung

Mitten im Kalten Krieg, 1975, einigten sich die Mitgliedsstaaten der NATO und des Warschauer Pakts sowie die neutralen und blockfreien Staaten Europas auf Prinzipien, wie die Beziehungen zwischen ihnen künftig gestaltet werden sollten. Zentrale Idee der Helsinki-Schlussakte der Konferenz über Sicherheit und Zusammenarbeit in Europa (KSZE) waren der Gewaltverzicht und die friedliche Beilegung von Konflikten, die Achtung von Souveränität und territorialer Integrität der Staaten, die Nichteinmischung in die inneren Angelegenheiten, die Unverletzlichkeit der Grenzen sowie ein Bekenntnis zum Selbstbestimmungsrecht der Völker. In Folgekonferenzen wurden die Ost-West-Beziehungen anhand politischer, wirtschaftlicher und humanitärer Fragestellungen (sogenannte »Körbe«) erörtert und weiterentwickelt. Dabei wurde ein Verständnis für die gemeinsamen Herausforderungen europäischer Sicherheit geschaffen, das maßgeblich zur Überwindung des Ost-West-Konflikts beigetragen hat.

Nach Ende des Kalten Krieges einigten sich die Staaten der KSZE 1990 auf die Charta von Paris. Darin vereinbarten sie gemeinsame politische Normen, Demokratie und Rechtsstaatlichkeit sowie umfassende Kooperationsmaßnahmen. Ziel war der Aufbau einer neuen europäischen Sicherheitsordnung, die nicht auf Abschreckung und Gegnerschaft, sondern Partnerschaft und Vertrauen basieren sollte. Deutschland verpflichtete sich im Zwei-plus-vier-Vertrag 1990, keine Nuklearwaffen und keine ausländischen Truppen in Berlin und den neuen Bundesländern zu stationieren. Gleichzeitig wurde mit umfangreichen Rüstungskontrollabkommen das Level militärischer Bedrohung gesenkt. Im Rahmen des INF-Vertrags (1987) wurden alle landgestützten Mittelstreckenraketen und Marschflugkörper mit einer Reichweite von 500 bis 5500 Kilometer Reichweite zerstört. Der KSE-Vertrag (1992) reduzierte die konventionellen Streitkräfte beider Seiten, und der Open-Skies-Vertrag (1992) trug durch die Möglichkeit von Beobachtungsflügen zu Transparenz und militärischer Vertrauensbildung bei.

Die ursprüngliche Idee, ein gesamteuropäisches Sicherheitssystem auf Grundlage der KSZE-Prinzipien zu errichten, trat allerdings in dem Maße in den Hintergrund, in dem die NATO über Beitrittsperspektiven für Polen, Tschechien, die Slowakei und Ungarn zu verhandeln begann. Schon früh sah Moskau darin einen Bruch früherer Vereinbarungen, wurde aber mit der NATO-Russland-Grundakte 1997 und der Aussicht, die europäische Sicherheitskooperation im Rahmen der 1995 zur OSZE aufgewerteten KSZE zu verstärken, besänftigt und zur Zustimmung zur ersten NATO-Osterweiterung bewogen. Außerdem sicherte die NATO zu, dass in den neu aufgenommenen osteuropäischen Mitgliedsstaaten keine dauerhaften Truppenstationierungen des Bündnisses erfolgen würden. Auf dem Istanbuler OSZE-Gipfeltreffen 1999 unterzeichneten die Mitgliedsstaaten die »Europäische Sicherheitscharta«, die einen gemeinsamen Raum »gleicher und unteilbarer Sicherheit« zwischen Vancouver und Wladiwostok vorsieht. Kein Staat könne vorrangige Verantwortung für die Wahrung europäischer Sicherheit beanspruchen oder besondere Einflusszonen reklamieren. Vielmehr habe jeder Staat das Recht, neutral zu bleiben oder einem Bündnis beizutreten, wobei das Prinzip, die eigene Sicherheit nicht auf Kosten anderer zu stärken, respektiert werden solle. Es ist diese Maßgabe, die den Kern des russischen Vorwurfs bildet, »betrogen« worden zu sein, und steht am Beginn der Erosion der europäischen Sicherheitsarchitektur.

Wie begründet dieser Vorwurf ist, ist umstritten. Im Zentrum steht die Frage, ob der Westen Russland versprochen hat, die NATO nicht nach Osten auszudehnen, und ob er dieses Versprechen willentlich gebrochen hat. Die neueste Forschung ist sich weitgehend darin einig, dass eine formale, schriftliche Zusage in diesem Sinne nicht existiert, aber es mündliche Zusagen, wie von den damaligen Außenministern der USA und Deutschlands, James Baker und Hans-Dietrich Genscher, bezeugt, durchaus gegeben hat. Diese könnten zwar keinen rechtlichen Anspruch begründen und waren zu einem Zeitpunkt, an dem die

Sowjetunion ja noch existierte, ohnehin fragwürdig; sie erklären aber die deutlich kommunizierte Ansicht Russlands, betrogen worden zu sein.[4] Selbst wenn es keinen Wortbruch des Westens gegeben hat, ist immer noch der russische Vorwurf, der Westen habe mit seiner Erweiterungspolitik die eigene Sicherheit auf Kosten der Sicherheit Russlands erhöht, nicht ganz von der Hand zu weisen. Die schrittweise Aufgabe einer gesamteuropäischen zugunsten einer teileuropäischen Sicherheitsordnung des Westens korrespondiert mit Entscheidungen, die Russland als bedrohlich wahrnahm: der Blockierung des KSE-Anpassungsabkommens durch die USA, der Schaffung einer ständigen Militärpräsenz der USA am Schwarzen Meer und dem Austritt der USA aus dem ABM-Vertrag zur Begrenzung strategischer Raketenabwehrsysteme. Wladimir Putin nahm diese Ereignisse zum Anlass, auf der Münchner Sicherheitskonferenz 2007 dem Westen bittere Vorwürfe zu machen und die Abkehr vom Ziel einer kooperativen Sicherheitsordnung anzukündigen. Wenig später, 2008, erging die Beitrittseinladung der NATO an Georgien und die Ukraine, wenn der dazugehörige Prozess auch nie eingeleitet wurde.

All das rechtfertigt in keiner Weise den russischen Angriff auf die Ukraine, macht aber verständlich, worauf Putin seine Vorwürfe eines Vertrauensbruchs des Westens gründet. Auch Russland gab gleichwohl hinreichend Anlass zu Misstrauen. Tatsächlich hat sich Russland in den letzten 30 Jahren konsequent aus der normativen Weltordnung verabschiedet, systematisch Völkerrecht gebrochen und wiederholt Kriegsverbrechen begangen. Inwiefern dabei von Anfang an ein großrussischer Masterplan verfolgt wurde oder eher eine dynamische, wechselseitige Entfremdung mit dem Westen stattfand, ist schwer zu entscheiden und muss der zukünftigen Forschung überlassen werden. Klar ist nur, dass schon viel früher und viel entschiedener dem russischen Handeln hätte entgegengetreten sowie die Vertrauenswürdigkeit Wladimir Putins und seiner Entourage viel früher hätte in Zweifel gezogen werden müssen.

Kooperation ohne Vertrauen

Putins Entscheidung, am 24. Februar 2022 in die Ukraine einzumarschieren, hat die letzten Reste der kooperativen Sicherheitsordnung in Europa zerstört und mit ihr auch die Reste des wechselseitigen Vertrauens, die noch übrig waren. Dieser Krieg ist noch nicht zu Ende und die Gefahr einer weiteren, möglicherweise sogar nuklearen Eskalation nicht gebannt.

Die Kriegsentscheidung kam nicht zu einer Zeit, in der die Mitgliedschaft der Ukraine in der NATO virulent gewesen wäre. Ganz im Gegenteil war diese eigentlich vom Tisch, wie der ukrainische Präsident im Sommer 2021 selbst eingeräumt hatte. Eine unmittelbare Sicherheitsbedrohung Russlands bestand mithin nicht. Auch für einen Genozid an der russischstämmigen Bevölkerung im Donbass gibt es nicht die geringsten Anhaltspunkte. Das kaltblütige Zusammenziehen russischer Truppen über nahezu ein Jahr, die Inszenierung der zahllosen Gespräche, die Staatsoberhäupter, NATO- und EU-Vertreter*innen mit Putin führten, zeigen vielmehr dessen Verachtung für die gemeinsamen Normen und Institutionen. Er wurde von niemandem gedrängt, er wurde nicht bedroht, er glaubte nur, damit durchzukommen. Er nahm an, der Westen sei weitestgehend mit sich selbst beschäftigt. Der überhastete Abzug aus Afghanistan im Sommer 2021, die von der Coronapandemie wundgescheuerten liberalen Gesellschaften und nicht zuletzt die vielen Konflikte in der Europäischen Union boten eine Gelegenheit, die er willens war, zu ergreifen.

Gegen diese Form der Aggression sind Normen und Institutionen zunächst machtlos. Hier hilft nur Abschreckung und Containment. Allerdings lässt sich damit keine dauerhafte politische Ordnung bauen. Frieden und noch nicht einmal Sicherheit lässt sich nachhaltig allein auf militärischer Aufrüstung und Abschreckung gründen. Zu kostspielig und letztlich auch zu instabil sind jene Ordnungen, die das versuchen. Die vielen Krisen und Beinah-Katastrophen des Kalten Krieges, wie etwa die Berlinkrise 1948 bis 1949 oder die Kubakrise von 1961, zeigen klar, dass es ohne gemeinsame Regeln und Verfahren nicht geht, auch ohne ein dichtes Vertrauen zu entwickeln. So wenig wie wir innerstaatliche Ordnungen rein auf Repression und Kontrolle ausruhen lassen, sondern diese idealerweise nur als Stützung der Normen und Regeln bemühen, die für alle Rechtssubjekte hinreichend Sicherheit über ihre allgemeine Geltung erzeugen sollen, so wenig zielführend ist das in internationalen Ordnungen. Hier geht es zunächst nur darum, Normen und Verfahren zu entwickeln, die die unmittelbaren Risiken einer Ordnung, die durch wechselseitige Bedrohungslagen charakterisiert ist, abzufedern.

Für die zukünftige Sicherheitsordnung in Europa geht es genau darum: in einer Ordnung, in der kein Vertrauen existiert, über Normen und Verfahren wieder zumindest so viel Zuversicht, *confidence*, zu erzeugen, um die unmittelbaren Risiken, die sich aus der Abschreckungslogik ergeben, zu zähmen und die Grundlagen für einen Neuaufbau von dichtem Vertrauen zu legen.

Zu diesen Grundlagen zählt, vielleicht zunächst kontraintuitiv, die kontrollierte Entflechtung zwischen den Staaten. Die Sanktionspakete des Westens haben den formalen Beginn der Entflechtung der Volkswirtschaften voneinander eingeleitet, aber sie sind nur der Vorbote für das, was noch notwendig ist: eine längerfristige Entflechtung, etwa im Bereich kritischer Infrastrukturen und von Ressourcen, wie im Energiesektor. Diese Form der kontrollierten Entflechtung ist notwendig, um zu verhindern, dass aus der Verflechtung neue Konflikte und Systemrisiken entstehen. Dieses Phänomen von »weaponized interdependence«[5] tritt dann auf, wenn die wechselseitige Verflechtung extrem asymmetrisch ausgeprägt ist, das heißt, dass eine Seite eine so zentrale Position in einem Netzwerk oder in einer Wertschöpfungskette einnehmen kann (beispielsweise über die Verfügung über Ressourcen), dass sie die andere Seite erpressen kann. Russland hat dies mit Blick auf die Energieversorgung in Europa bereits teilweise vollzogen. Es ist aber beileibe kein russisches Phänomen, auch China hat dies im Bereich der Hochtechnologie versucht oder die USA im Bereich Finanzmarkttransaktionen. Europas letztlich erfolglose Bemühungen, alternative Finanzierungsmechanismen zu etablieren, um die Sekundärfinanzsanktionen der USA gegenüber dem Iran im Streit um das Nuklearabkommen abzufedern, bilden ein beredtes Beispiel. Verflechtung erzeugt nicht automatisch Kooperation, geschweige denn Vertrauen. Entscheidend sind deren Qualität und Form sowie ihre Absicherung. Stark asymmetrische Interdependenzbeziehungen, in denen Akteure extrem ungleich verletzlich gegenüber einem Abbruch der Interdependenz sind, und insgesamt extrem starke Verflechtungen, die durch ihre Intensität eigene Konflktherde erzeugen, sind eher konfliktfördernd. Zentral sind darum Institutionen, die diese komplexen Interdependenzen bearbeiten, das heißt, Erwartungen managen und Sanktionsmechanismen bereitstellen, um einseitig unkooperatives Verhalten zu bestrafen.

Zugleich sind Interdependenzen aber eine wichtige Grundlage, um Kooperation zu begründen und langfristig auch Vertrauen zu erzeugen. Sie etablieren Kommunikation, Empathie und ermöglichen gemeinsame Gewinne oder auch die Vermeidung gemeinsamer Verluste, durch die die Akteure ein genuines Interesse an der Aufrechterhaltung der Beziehung zueinander gewinnen. Darum ist es gefährlich, wenn wie gegenwärtig in Ansätzen erkennbar, die kontrollierte Entflechtung, das heißt der Abbau solcher extrem asymmetrischer Verflechtungen, in eine unkontrollierte Entflechtung übergeht, in der wahllos weitere Verflechtungen zerstört werden. Tendenzen dazu sehen wir sowohl im Wirtschaftssektor, wenn immer mehr Unternehmen sich aus Overcompliance-Gründen aus Russland zurückziehen und damit letztlich auch die Interessen an einer gemeinsamen Ordnung weiter abbauen, oder auch im Bereich der Kultur, Kunst oder der Wissenschaft, in der über die Absage gemeinsamer Programme Austauschkanäle in die jeweils andere Gesellschaft geschlossen werden. Dadurch wird die Fähigkeit geringer, Einblick in die jeweils andere Realität zu erhalten und dadurch auch Empathie füreinander zu entwickeln.

Der strategische Fehler, den man im Umgang mit Putins Russland markieren könnte, ist, dass auf Kosten der Sicherheit stark asymmetrische

Interdependenzen eingegangen wurden und versäumt wurde, Möglichkeiten der Vergeltung miteinzuplanen. In einer Ordnung, die auf absehbare Zeit ohne Vertrauen auskommen muss, braucht es dreierlei: Abschreckung als Rahmen, um existenzielle Sicherheit aller Akteure zu gewährleisten; Verflechtungen als Basis, um Kooperation wieder aufnehmen zu können, und schließlich ein institutionelles Gerüst, das die Risiken beider, der Abschreckung und der Verflechtung, verwaltet, indem sie einerseits Information und Transparenz schafft, Erwartungen der Akteure auf kompatible Bahnen ausrichtet und andererseits Sanktionen organisiert, wenn Akteure sich nicht an Vereinbarungen halten. Die große strategische Aufgabe der Zeitenwende wird es deshalb sein, die Frage zu beantworten, wie beides, militärische Abschreckung *und* Kooperation, im 21. Jahrhundert, das heißt, in einer hochgradig arbeitsteiligen Weltwirtschaft bei gleichzeitig hoher Informationsunsicherheit, zusammengedacht und -gebracht werden kann.

Fazit

Die Entstehung politischen Vertrauens, nicht nur zwischen Michail Gorbatschow und Ronald Reagan persönlich,[6] sondern auch institutionell zwischen den Staaten des KSZE-Prozesses,[7] hat maßgeblich zur Überwindung des Ost-West-Konflikts beigetragen. Nach dem Kalten Krieg sollte auf dieser Basis eine neue, kooperative europäische Friedens- und Sicherheitsordnung aufgebaut werden, eine Ordnung, die Sicherheit nicht mehr als exklusives Gut, sondern als gemeinsame Aufgabe ansehen würde. Diese Ordnung ist gescheitert. Russlands Krieg in der Ukraine hat sie endgültig zerstört. In der Debatte darüber droht allerdings, Kooperation, Entspannung und politischem Vertrauen generell eine Absage zu erteilen. Die Behauptung, westliche und zumal deutsche Vertrauensseligkeit habe zum Krieg geführt und man hätte besser Russland von Anfang an konsequent als Gegner behandeln sollen, blendet die Erfolge dieser Politik aus. Ohne die Wiederannäherung an

Russland, ohne die Politik kooperativer Sicherheit wäre Deutschland heute nicht vereint, wären viele Länder Osteuropas heute keine Demokratien, hätten nicht die Nuklearwaffenarsenale substanziell reduziert werden können. Es ist aber auch klar, dass ein System kooperativer Sicherheit, das auf der Grundlage eines Vertrauensvorschusses operiert und keine effektiven Schutz- und Sanktionsmöglichkeiten etabliert, einem entschlossenen Aggressor nichts entgegensetzen kann.

Ist Vertrauen deswegen prinzipiell verfehlt in der internationalen Politik? Zweifellos sind die Risiken enttäuschten Vertrauens hier besonders hoch, aber eben auch die Chancen. Deshalb wäre es ein Fehler, auf der Ebene minimaler Kooperation zu verharren und in den Container nationaler Sicherheit zurückzukriechen. Für die anstehenden Probleme der europäischen Sicherheit, aber auch darüber hinaus für die weltpolitischen Herausforderungen der Klima-, Ernährungs- und Gesundheitskrise, ist die Orientierung an der Idee kooperativer Sicherheit notwendig, die ohne Vertrauen nicht denkbar ist.

Anmerkungen

1 Peter Graf Kielmansegg: »Wie Putins Krieg den Westen dauerhaft herausfordert«, in: *Frankfurter Allgemeine Zeitung* vom 18.04.2022.

2 Herfried Münkler: »Putin hat sich verrechnet. Doch der Westen ebenso«, in: *Neue Zürcher Zeitung* vom 02.03.2022.

3 Kenneth N. Waltz: »Structural Realism after the Cold War«, in: *International Security* 25 (1) 2000, S. 5–41, hier: S. 10.

4 Mary Elise Sarotte: *Not One Inch. America, Russia, and the Making of Post-Cold War Stalemate.* New Haven 2021. Marc Trachtenberg: »The United States and the NATO Non-extension Assurances of 1990: New Light on an Old Problem?«, in: *International Security* 45 (3) 2020, S. 162–203.

5 Henry Farrell, Abraham L. Newman: »Weaponized Interdependence: How Global Economic Networks Shape State Coercion«, in: *International Security* 44 (1) 2019, S. 42–79.

6 Nicholas J. Wheeler: *Trusting Enemies. Interpersonal Relationships in International Conflict.* Oxford 2018.

7 Michael Cotey Morgan: 2016. »Trust and Transparency at the CSCE«, in: Martin Klimke, Reinhild Kreis, Christian F. Ostermann (Hrsg.): *Trust, but Verify. The Politics of Uncertainty and the Transformation of the Cold War Order, 1969–1991.* Stanford 2016, S. 102–120

Kathrin Klaas
DER UMGANG MIT FEHLERN

Ich war Leistungssportlerin. Im täglichen Training habe ich mir über
viele Jahre Vertrauen in meine Fähigkeiten erarbeitet, um in Wett-
kämpfen davon zu zehren. Die bedeutendste Stärkung erfuhr dieses
Selbstvertrauen nicht etwa in den Glanzstunden des Erfolgs, sondern
nach den schmerzlichen Momenten des Scheiterns im Umgang mit
eigenen Fehlern. Aufstehen und weitermachen ist nicht selbstverständlich, aber Ehrensache, wenn man es mit dem Leistungssport
ernst meint. Probleme analysieren, das eigene Vorgehen kritisch
reflektieren, aus Fehlern lernen, es bei nächster Gelegenheit besser
machen zu wollen, führt letztlich zum Erfolg. Diese Grundhaltung
trage ich in mir – und in meinen beruflichen Alltag hinein.

Ich bin Polizistin. Vor einigen Jahren habe ich einen Eid geschworen,
die Werte unserer Demokratie zu achten, zu schützen und die Aus-
übung von Grundrechten zu gewährleisten. Grundgesetzlich zugesi-
cherte Rechte *haben* bedeutet immer auch, sie *aushalten* zu müssen,
nämlich dann, wenn andere von ihren Rechten legitimen Gebrauch
machen. Dazwischen stehen die Institutionen des Staates, mitunter
am sichtbarsten: die Polizei. Sie ist in diesem Abwägungsprozess vor
allem auf eines angewiesen: Vertrauen.

Vertrauen in und aus allen gesellschaftlichen Milieus und Gruppen.
Vertrauen, dass Hilfe kommt, wenn sie gerufen wird, und Macht
nicht in einer Konstellation missbraucht wird, die unter polizeilicher

Beteiligung immer gekennzeichnet ist von einem Machtgefälle. Daraus erwächst gegenseitiger Respekt. Nicht etwa umgekehrt.

Eine Demokratie ist stark, wenn das Vertrauen in ihre Institutionen stark ist. Die Polizei als Teil der Exekutive sieht sich zunehmend hinterfragt. Sie erlebt Misstrauen, wenn ihr Handeln mittels Mobiltelefonkameras aufgezeichnet wird. Scheinbar unter Generalverdacht gestellt, wird ihr aus der Wissenschaft und in Teilen der Politik Reformbedarf attestiert.

Videosequenzen in den sozialen Medien zeigen Polizeihandeln zwischen gerechtfertigter Zwangsanwendung und rechtswidriger Polizeigewalt. In Chat-Gruppen werden unter Beteiligung von Polizistinnen und Polizisten rechtsextreme Inhalte geteilt oder wird ihnen nicht widersprochen. Am Holocaust-Gedenktag werden Flaggen an einer Polizeistation falsch herum gehisst, Asservate verschwinden, dafür taucht Polizeimunition wieder auf, wo sie nicht sein sollte. An anderer Stelle verrichten Beamtinnen und Beamte tagtäglich tadellos ihre Aufgaben im Dienst der Gesellschaft. Polizei hat viele Gesichter, zeigt viele Facetten, davon manche nicht freiwillig und erst durch die hartnäckige Arbeit des Investigativjournalismus. Polizei ist vor allem eines nicht: fehlerfrei – und dennoch hält sie beharrlich an dieser Haltung, an dieser Kultur fest.

»Die Anständigen dürfen nicht zulassen, dass Bild und Ansehen der Polizei durch Fehlverhalten oder rechtsextremistische Umtriebe von Kolleginnen und Kollegen beschmutzt wird« – eine Aussage, die sinngemäß häufig im Kontext gegenwärtiger Polizeiskandale zu vernehmen ist. Volle Zustimmung.

Und doch müssen »die Anständigen« teilweise hilflos zusehen, dass auf ihre Meldungen und Hinweise hin scheinbar nichts passiert, dass diese in der Meldekette auf dem Dienstweg *nach oben* hängen bleiben und sich im schlimmsten Fall wie ein Bumerang in Anfeindungen, Mobbing oder anderem ausgrenzendem Verhalten – subtil oder ganz offen – entladen. Das Problem ist wie so oft komplex, die Lösung ist es nicht minder, hinterfragt sie doch die historisch gewachsene Struktur einer konservativen Institution, deren Kultur es ist, in festen, über- und untergeordneten Kästchen zu denken. Woher stammt der Gedanke, dass in einem solchen Kosmos untergeordnete Führungspositionen per se mit selbstkritisch Reflektierenden besetzt werden könnten?

Mein Vertrauen wankt in den Momenten, in denen offenbar wird, dass die institutionellen Selbstheilungskräfte nicht ausreichen. Es ist erschüttert, wenn diese Kräfte eingeschränkt oder unterdrückt werden. Dass auf unterschiedlichen Ebenen der Hierarchie immer wieder subjektive oder parteipolitische Befindlichkeiten eine derartige Rolle spielen, dass sie Transparenz und Aufklärung nach innen wie außen verhindern. In dieser Konstellation der Ohnmacht droht mein Vertrauen in die Institution, der ich angehöre, zu schwinden – gerade weil mein Vertrauen in die Erfolg versprechende Sinnhaftigkeit, Fehler als Chance zur Verbesserung zu sehen, so ausgeprägt ist.

Thorsten Schweinhardt
Blindes Vertrauen – nein danke!

Anfang März blieb ich im Internet an einer Nachrichtenmeldung hängen: Drei Männer boten in Hagen einem Mann mit Blindenstock ihre Hilfe an, schlugen ihn dann aber brutal nieder und raubten ihn aus. Mein erster Gedanke: Wie dreist und skrupellos kann man sein? Der Entrüstung folgte die Einsicht: Das hätte mir genauso passieren können. Wie oft habe ich schon völlig fremden Menschen mein Vertrauen geschenkt, indem ich sie um Hilfe gebeten oder ein Hilfsangebot ihrerseits angenommen habe!

Ein Vorfall wie der oben beschriebene zeigt: Leider leben wir in einer Welt, in der man längst nicht jedem Menschen vertrauen kann, selbst wenn der hilfreiche Arm noch so einladend erscheint. Das Problem ist nur: Ganz ohne Vertrauen kommt man nicht durchs Leben – erst recht, wenn man nicht sehen kann.

Als Blinder bin ich im Alltag immer wieder zum Vertrauen gezwungen. Dies gilt besonders, wenn ich an Orten unterwegs bin, an denen ich mich nicht auskenne. Hier muss ich zufällig anwesenden Menschen vertrauen, Menschen, die für mich völlig fremd sind und die ich im wahrsten Sinne des Wortes noch nie gesehen habe.

Trotzdem begebe ich mich zwangsläufig ein gutes Stück in ihre Hände. Ich vertraue, wenn ich mir beim Überqueren einer verkehrsreichen Straße helfen lasse, bei der, wie so oft, auf eine Blindenampel verzichtet wurde. Ich vertraue, wenn ich mich am Bahnhof zu einem bestimmten Gleis lotsen lasse. Im Grunde sind das alles Kleinigkeiten, doch für mich hängt davon eine Menge ab.

Ich vertraue auf Vorschuss. Aber ich bemühe mich, nicht blind zu vertrauen.

Blindes Vertrauen – diese Redewendung ist verwandt mit Floskeln wie der von der blinden Wut oder irgendwie auch mit der blindmachenden Liebe. Gemeint ist immer, dass man alles andere ausblendet, sodass keine Warnsignale mehr durchdringen. Wer blind vertraut, tut dies bedingungslos, unkritisch, ohne Kontrolle.

Gerade als blinder Mensch wird man schnell lernen, wie fatal diese Form des Vertrauens oft ist. Wer in Bus und Bahn blind auf die Korrektheit der Lautsprecherdurchsagen vertraut, macht schnell eine unfreiwillige Rundreise. Und wer blind darauf vertraut, dass hilfsbereite Sehende den Blinden immer dorthin führen, wo er auch hin möchte, wird erfahren: Sehen zu können bedeutet nicht immer, den Durchblick zu haben.

Darum versuche ich zumindest, auf eine andere Art zu vertrauen: Hilfe annehmen, wenn nötig, aber mit Bedacht; mich führen lassen, dabei aber nicht alles ausblenden, nur weil gerade ein fremdes Paar Augen für mich sieht. Wachsam bleiben, so wenig Selbstbestimmtheit wie möglich aus der Hand geben, kritisch nachhaken, wenn mir etwas falsch oder seltsam vorkommt – auch als Blinder habe ich noch andere Sinne, denen ich vertrauen kann.

Es ist ein Vertrauen im Transparenzmodus, eine Haltung, die auch der helfenden Person signalisiert: Ich bin dankbar für deine Hilfe, aber ich behalte trotzdem die Kontrolle, denn es geht hier vor allem um mich, um meinen Alltag und um meine Unversehrtheit.

Zum Glück gibt es auch noch genügend positive, ernst gemeinte Hilfsangebote. Wenn ich Hilfe brauche, wird sie mir auch begegnen – mit dieser vertrauensvollen Maxime bin ich bisher ganz gut durchs Leben gekommen.

Auch während der Coronapandemie gab es im Zweifelsfall immer Menschen, die mir trotz Social Distancing eine helfende Hand gereicht haben. Allerdings musste ich lernen, dass sich Hilfsbereitschaft und egoistische Selbstbezogenheit nicht ausschließen. Ich bin dankbar für jede ernst gemeinte Hilfe. Aber wenn sie von jemandem kommt, der mir unterwegs erzählt, die Coronaimpfung sei eine Giftspritze, und dessen Maske dabei frech unterm Kinn baumelt, verzichte ich dankend. Rücksichtsvolles, erwachsenes Verhalten, mit dem man sich und vor allem andere schützt, ist etwas, worauf ich seit der Coronapandemie in keiner Weise mehr vertraue.

Lars Hochmann
Vertrauen als Lohn
Grundzüge guter Unternehmensführung

Wir leben in einer Gesellschaft voller Drehtüren. Takt und Frequenz des sozialen Lebens beschleunigen, auch der Durchlauf selbst nimmt zu. Bindung und Verbindlichkeit sind in der Folge schwierige Kategorien geworden. Die Anzahl an Jobs, an Wohnorten, an Mobilität in allen Lebenslagen war historisch nie so hoch wie heute. Ob Kirchenaustritte, Scheidungen, Haarfarbe oder die Laufzeit von Mobilfunkverträgen: Sich festzulegen, ist aus der Mode gekommen. Unverbindlichkeit gewinnt. Selbst Beziehungen und Freundschaften sind bloß einen Swype entfernt, aber ganz zwanglos und unverfänglich, schließlich könnte die noch passendere Partnerin oder der noch geeignetere Freund gleich morgen im Feed erscheinen. In der »Multioptionsgesellschaft« scheinen die Möglichkeiten grenzenlos zu sein. Es zählt das Einzigartige, das Besondere, das Singuläre. Konventionelle Familien-, Arbeits- und Rollenbilder geraten unter Rechtfertigungsdruck. Sesshaftigkeit war gestern. Freiheit beinhaltet die Möglichkeit, jeden Tag neu anzufangen. *It's up to you!*

Das Glück schmieden

Das Ergebnis ist ambivalent. Einerseits ergeben sich Chancen zur Selbstverwirklichung in historisch wohl beispiellosem Ausmaß. Die Möglichkeiten, mit dem eigenen Leben auch die eigene Geschichte zu erzählen statt die der Eltern oder des Milieus, in welches man zufälligerweise hineingeboren wurde, wachsen unentwegt. Das sozial präfigurierte

Leben vormaliger Dekaden bot diesbezüglich zwar Orientierung und Stabilität, jedoch wenig soziale Mobilität. Heute ist das in vielerlei Hinsicht anders. Diese Entwicklungen, darüber wird wohl kein Streit entstehen, sind zu schützen und für jene auszubauen, für die sie sich noch nicht vollends eröffnet haben. Denn sie sind Errungenschaften, die das Versprechen liberaler Demokratien einlösen, dass die einen Menschen ihr Leben so und die anderen Menschen ihr Leben eben anders führen können.

Doch fordern diese Lust- und Freiheitsgewinne andererseits ihren Tribut. Auch Selbstbestimmung will und muss gelernt sein. Andernfalls droht Überforderung. Und gesellschaftlich droht die Entfähigung. Denn dem Zeitgeist, demgemäß nichts taugt, was nicht sofort gelingt, geht die Bereitschaft zur Hingabe und zur bedingungslosen Verausgabung verloren, die jedwede Form von Könnerschaft benötigt, sei es am Schlagzeug, am Reißbrett oder beim Pizzabacken. Die Vielfalt in der Breite, welche die hyperindividualisierte Gesellschaft der Gegenwart gewinnt, geht so mit einem Verlust an Tiefe einher.

Die Konstellation der Drehtüren ist also nicht ambivalent in dem Sinne, dass Licht und Schatten vorhanden sind und sich changierend die Waage halten. Die Schattenseiten dieser kulturellen Entwicklung nehmen überhand. Aus Selbstverwirklichung ist Selbstoptimierung, ist Selbstzerstörung geworden, zumindest in der Tendenz. Vereinzelung, Erschöpfung und Ermüdung sind die Folgen.

Die Unsicherheit bewältigen

Das eigene Glück zu schmieden, ist eine verlockende Perspektive. Bloß fehlen die Befähigungen dafür. Diesen Umstand spüren zunehmend auch Unternehmen. Der heute vielerorts vorgetragene Wunsch, sich beruflich zu verwirklichen, ohne sich allzu früh allzu verbindlich festlegen zu müssen, bedeutet nicht nur ein neues Verhältnis zur eigenen Erwerbsbiografie, sondern trägt auch neue Ansprüche an die Gestaltung betrieblicher Arbeitswirklichkeiten und beruflicher Laufbahnen heran.

Diese Entwicklung ist grundlegender, als sie häufig behandelt wird. Sie hat, im Verborgenen, das ökonomische Problem verschoben. Wo es einst um Knappheit ging, geht es heute um Unsicherheit. Die moderne Unternehmung kam im 18. Jahrhundert in die Welt, um die Unterversorgung mit Nahrungsmitteln, Energie oder Kleidung abzustellen. Das hat sie ausgesprochen erfolgreich geleistet. In den industrialisierten Ökonomien des globalen Nordens ist nun von ungefähr allem genug vorhanden, nur die Verteilung ist problematisch. Knappheit jedoch hat sich als ökonomisches Problem erledigt. Dieser Zweck ist erfüllt und hat damit zugleich die Fähigkeit verloren, den Einsatz darauf bezogener Mittel zur Erreichung jenes Zwecks zu rechtfertigen. Das ist eine gute Nachricht, denn Unternehmen können sich jetzt neuen Herausforderungen zuwenden. Das neue ökonomische Problem im 21. Jahrhundert lautet: Bewältigung von Unsicherheit.

Unsicherheit wird insbesondere im hiesigen Kulturraum zumeist als etwas Unangenehmes erachtet, das eher schwer zu ertragen ist und dem daher mit Instrumenten der Planung und Kontrolle begegnet werden sollte. Sie bringen zwar nicht die Unsicherheit zum Verschwinden, ändern wohl aber die eigene Wahrnehmung derselben. Ich möchte diesbezüglich einen Perspektivwechsel vorschlagen. Unsicherheit ist ein Geschenk und eine zentrale Gelingensbedingung für ein selbstbestimmtes Leben und Zusammenleben. Denn wo die Zukunft ungewiss ist, kann noch gestaltet werden. Und Gestaltbarkeit ist der Nährboden lebendiger Demokratien. Ohne Gestaltbarkeit stellte sich die Frage nach der Selbstbestimmung gar nicht.

Die Probleme angehen

Gestaltbarkeit resultiert aus Kontingenz. Das heißt, die Welt ist, wie sie ist, aber sie könnte auch ganz anders sein. Ihre Gestalt hängt von unserem Tun und Lassen ab. Die Rast- und Orientierungslosigkeit, welche das sinnsuchende Subjekt der Gegenwart in Kauf nehmen muss, um sich selbst zu verwirklichen, macht daher auch vor Unternehmen nicht halt. Die Bewältigung jener Kontingenz, die Verwirklichung und Überforderung bedeutet, ist insofern beides: philosophische Aufgabe der Selbstbesinnung für das moderne Subjekt und gleichwertig unternehmerischer Gestaltungsauftrag für die Führung von Organisationen aller Art.

Die effiziente Produktion von Gütern, das ist unbenommen, bleibt wichtig. Doch inmitten multipler Krisen und tiefgreifenden Strukturwandels wird die Frage nach der Organisation der gesellschaftlichen Versorgung mit alledem, was zu einem modernen Leben dazugehört, branchenübergreifend zunehmend zu einer Richtungsfrage. Energiewende, Ernährungswende, Mobilitätswende und so weiter markieren bereits sprachlich die Neuorientierung und den Bruch mit der bisherigen Entwicklung.

Für Unternehmen folgt daraus die strategische Anforderung, sich im Feld der multiplen Wenden neu zu positionieren und das Geschäftsmodell sowie die internen Abläufe in Bezug auf die neue Unternehmensstrategie zu reformulieren. Machine Learning, Robotik, Fake News oder Klima- und Biodiversitätskrise sind nur einige der großen Themen für die strategische Unternehmensführung. Es ist an ihr, diese Herausforderungen zu adressieren und einen Umgang zu entwickeln mit Nichtwissen und teils chaotischen Bedingungen sowie, das führt der russische Angriffskrieg in der Ukraine entsetzlich vor Augen, den geopolitischen Konsequenzen, die in einer globalisierten Wirtschaft daraus notwendigerweise folgen. »Wirtschaft ist Kultur« ist insofern niemals wertfrei oder »strictly business«, sondern immer eine Frage der gesellschaftlichen Verantwortung von Unternehmen.

Diese Ausrichtung betrieblicher Praxis erfordert Führung. Der Stellenwert von Führung gewinnt daher unter Bedingungen von radikaler Unsicherheit an neuer Bedeutung. In gleichem Maße benötigt das Verständnis von Führung unterdessen ein Update.

Die Komplexität managen

Eine hohe Fluktuation unter Mitarbeitenden sowie deren Suche nach einer Beschäftigung, die dem eigenen Leben einen Sinn gibt, stellen Unternehmen heute mehr denn je vor Herausforderungen. Zu Zeiten tayloristisch fragmentierter Arbeits- und Geschäftsprozesse waren die Mitarbeitenden austauschbar. Sie konnten lange Zeit durch die Unternehmensführung sorglos in den blinden Fleck geschoben werden. Die Handgriffe wurden so kleinteilig und repetitiv gestaltet, dass nicht viel falsch gemacht werden konnte. Neue Mitarbeitende waren in kurzer Zeit und mit geringem Aufwand eingelernt. Doch die Zeit der Fließbandfabriken ist zumindest hierzulande lange vorüber. Die Komplexität in der Wirtschaft steigt nicht nur durch globale Verflechtungen, sondern auch durch technologischen Wandel und die damit verbundenen neuen Anspruchsgruppen und Möglichkeiten. Mit algorithmisierten Prozessen kommt sogar neue Agency ins Spiel. Mit dieser Komplexität steigen auch die Anforderungen an eine professionelle und kompetente Erfüllung der Arbeits- und Geschäftsprozesse.

Vertrauen gewinnt in der Folge an Bedeutung. Denn der Anstieg an Anforderungen reicht bisweilen so weit, dass die eigenen Arbeits- und Geschäftsprozesse gar nicht mehr verstanden werden können. Unternehmen, die zunehmend technischer und arbeitsteiliger werden, sind daher auf Vertrauen angewiesen, weil das zur selbstbestimmten Urteilsbildung mitunter erforderliche Wissen gar nicht mehr zu Lebzeiten angeeignet werden kann. Das betrifft einerseits die soziale Alltagspraxis. Wir vertrauen, dass die Bürodecke nicht einstürzt, die Kantine uns nicht vergiftet und die E-Mail ihren Bestimmungsort erreichen wird. Wir wissen es nicht; wir können es prinzipiell in Erfahrung bringen, hätten dann jedoch umfassende Recherchen für jeden noch so kleinen Handgriff zu leisten. Es betrifft andererseits jedoch auch hochtechnische Systeme und komplizierte Verfahrensabläufe, für die nur Einzelne kompetent sind. Mitarbeitende müssen einander daher vertrauen, um im Zusammenspiel der Leistungserstellung überhaupt als Team agieren zu können.

Während also einerseits die Tätigkeiten spezifischer und anspruchsvoller werden, werden die Lebensentwürfe immer fragmentierter und kurzfristiger. Für das Kompetenz- und Wissensmanagement der Unternehmen bedeuten die volatilen Erwerbsbiografien daher auf der einen Seite das permanente Erfordernis zur Qualifizierung, auf der anderen Seite jedoch die stete Gefahr von Braindrain und »sunk costs«. So beschleunigen zwar Takt und Frequenz, aber die Leistungsfähigkeit leidet unter der unentwegten Fragmentierung. Beiderseitiges Vertrauen zwischen Arbeitgebenden und -nehmenden wird zu einer zentralen Bedingung gelingenden Wirtschaftens, um inmitten von Komplexität, Unsicherheit und Sinnsuche das organisationale Miteinander noch strukturieren und ordnen zu können.

Das Miteinander ordnen

Die in erster Linie auf das individuelle Vorankommen ausgerichtete Unternehmenskultur, die sich daraus ergibt, ist auf Vertrauen angewiesen, atmet unterdessen jedoch den Geist des Misstrauens. Opportunismus und Vertrauen harmonieren nicht. Wie kann unter solchen Bedingungen noch gemeinsam an einem Unternehmensziel zusammengearbeitet werden?

Diese Frage ist unter Bedingungen radikaler Unsicherheit und Kontingenz nicht nur praktisch entscheidend, sondern verweist auch als Frage nach der Entstehung von sozialer Ordnung auf eine reichhaltige Theoriegeschichte.

Thomas Hobbes fragte, wie es möglich ist, dass die Verfolgung individueller Wünsche, Sehnsüchte und Hoffnungen nicht im viel zitierten Krieg aller gegen alle endet, weil der Mensch doch dem Menschen ein Wolf sei. Für Hobbes lag die Lösung bekanntermaßen in der Gewaltenteilung dergestalt, dass alle Menschen die Waffen abgeben und dem Staat die alleinige Macht übertragen, zur Waffe zu greifen. Noch heute stehen wir mit unserem Staatsverständnis zu weiten Teilen im langen Schatten dieser Überlegung.

Auch in den Sozialwissenschaften wurde Thomas Hobbes immer wieder rezipiert und neu gelesen. Talcott Parsons formulierte in Auseinandersetzung mit Hobbes seine Skepsis am Modell rationaler Wahl. Warum, so Parsons, sollten vermeintlich rational agierende Akteure das Risiko eingehen, sich selbst zu bescheiden in der bloßen Vermutung darauf, dass die Mitmenschen dies auch tun werden? Parsons begründete auf einer Reformulierung des Hobbes'schen Problems seinerzeit seine Sozialtheorie: Soziale Ordnung entstünde nicht durch Gesetzestreue, sondern durch Normen und Werte, die er als handlungsleitende Bezugsgrößen konzeptualisierte. Als ein gemeinsamer Flucht- und Kristallisationspunkt, so Parsons, strukturieren Werte das soziale Für-, Neben-, Gegen- und Miteinander, sodass Ordnung entstehe.

Seitdem hat sich zweifellos einiges in der Soziologie getan. Dennoch lohnt ein Blick auf diesen Klassiker, insbesondere in ökonomischen Zusammenhängen, in denen im Namen von Selbstbestimmung, Freiheit und Fortschritt das Wolfsein hoffähig ist. Inmitten der Schnelllebigkeit des Opportunismus der vielen kann so nämlich die heute in zahlreichen Unternehmen beobachtbare Sehnsucht, sich Werte zu geben, verständlich werden: um Orientierung im Chaos zu stiften, um sagen zu können, warum es nicht egal ist, dass es einen gibt, wo der Unterschied liegt, den das eigene Tun macht.

Die Werte verordnen

Doch wo kommen diese Werte her? Und wie werden sie wirksam und »gelebt«, wie es phraseologisch so oft heißt? Ein schlichtes »employer branding« gerät jedenfalls rasch an seine Grenzen, insbesondere dann, wenn die begriffliche Herkunft des Brandzeichens aus der Viehzucht allzu wörtlich genommen wird und es lediglich um ein identitätspolitisches Brandzeichen geht. Bindung an und Zugehörigkeit zu einem Unternehmen sind per se keine Lösungen, zumindest so lange nicht, wie offenbleibt, ob sie durch Druck oder Kitt zuwege gebracht werden. Wie also die Unsicherheit managen?

Fragen wie diese fallen in das Gebiet des normativen Managements. In der betriebswirtschaftlichen Literatur werden drei Wellen des normativen Managements unterschieden. Sie tragen spezifischen Problemen Rechnung, die in der jeweiligen Zeit als praktische Herausforderungen von Unternehmen wesentlich wurden:

Als in den 1970er-Jahren im Kontext von Gewerkschaftsprogrammen sowie Prozessen der Globalisierung und Akademisierung die militärische Gestaltung von Institutionen strittig wurde, reagierten Unternehmensleitungen mit der Formulierung von Unternehmensphilosophien. Schöne Worte sollten helfen, den Mangel an Partizipation in der Führung, wenn nicht geringer, so doch erträglicher zu machen. Der Erfolg war mäßig.

In den 1980er-Jahren stellte sich zunehmende Orientierungslosigkeit in den Unternehmen ein. Die globalen Warenmärkte wuchsen weiter zusammen und neue Konkurrenz entstand. In der Automotive waren es japanische Hersteller, die deutlich effizienter und effektiver zu produzieren begannen, weniger Ausschuss hatten, rascher auf Fehler reagierten und so weiter. Insbesondere in Europa und den USA führte der japanische Lead kulturell zu narzisstischen Kränkungen. Horden von Beraterinnen und Beratern strömten nach Japan und überschwemmten die Werkshallen. Schnell schien der Heilige Gral der Unternehmensführung identifiziert: die Unternehmenskultur. Es brach ein regelrechter »corporate culture boom« aus, der in einem Überbietungswettbewerb darin gipfelte, wie die gewünschte Kultur der jeweiligen Unternehmung übergestülpt werden könne. Teilautonome Arbeitsgruppen entstanden, ebenso Job Rotation, Enlargement, Enrichment und all die Führungsstile, die Studierende der BWL noch immer gebetsmühlenartig für die Abschlussprüfung auswendig lernen müssen. *Auf der Suche nach Spitzenleistung* wurde 1984 zu einem weltweiten Bestseller.

Dass sich Kulturen jedoch nicht dem unmittelbaren Steuerungswillen der Unternehmensleitungen unterwerfen lassen, wurde in den 1990er-Jahren offenkundig, als viele Ansätze gescheitert waren. Von den porträtierten Unternehmen mit mutmaßlicher Spitzenleistung sollte im Übrigen kein einziges das Licht des neuen Jahrtausends erblicken. Es traten externe Ansprüche, etwa sozialökologische Herausforderungen und die gesellschaftliche »licence to operate«, hinzu. Sie durchbrachen den innerbetrieblichen Fokus und hoben die gesellschaftspolitische Begründungsbedürftigkeit von Unternehmen auf das Tapet des normativen Managements. Unternehmensethiken als moraltheoretische Begründungs- und Rechtfertigungsmuster entstanden, insbesondere, um das Vertrauen nach innen zur Belegschaft und das Vertrauen nach außen zur Gesellschaft systematisch und theoretisch reflektiert gestalten zu können. Die Auseinandersetzungen mit den teils widerspruchsvollen internen wie externen Anspruchsgruppen wuchsen. Bei allen Erfolgen, die darüber erzielt wurden, hat das an der faktischen Verantwortungslosigkeit von zahlreichen Unternehmen wenig geändert.

Die Lektionen lernen

Für das neue ökonomische Problem im 21. Jahrhundert, die Bewältigung von Unsicherheit, ist das Wissen um diese drei Wellen des normativen Managements hilfreich. Wenn nämlich Vertrauen zu einer wichtigen Gelingensbedingung wird, die betrieblichen Realitäten gleichwohl von Misstrauen durch Selbstsucht und Flüchtigkeit geprägt sind, können wir aus ihnen zumindest ableiten, wie es nicht geht: Erstens entstehen Vertrauens*werte* nicht durch Broschüren. Zweitens lässt sich eine Vertrauens*kultur* nicht kurzerhand anordnen. Drittens macht eine Vertrauens*theorie* noch keine vertrauensvolle Praxis.

Neben diesen drei Lehren, die als Negativabgrenzungen gezogen werden können, bleiben Werte und Normen, Kultur- und Moraltheorien unbenommen wichtige, vielleicht sogar zentrale theoretische Bezugsgrößen für das normative Management. Sie müssen jedoch konzeptionell neu gedacht werden, insbesondere muss der Kurzschluss vermieden werden, Gestaltung mit Steuerung zu verwechseln. Dieser Anspruch steht vor einer besonderen Herausforderung dergestalt, als in den zurückliegenden Jahren in zahlreichen Management- und Organisationswissenschaften eine problematische Verschiebung stattgefunden hat: Die Individualisierung der Gesellschaft ist vom Inhalt auf die Struktur des Denkens gewandert. Soziale, organisationale, kulturelle, gesellschaftliche – kurz: kollektive Phänomene werden zunehmend mit einem Denkstil traktiert, der auf einem methodologischen Individualismus beruht. In gestaltungsorientierten Kontexten entstehen so einerseits Verzerrungen durch erkenntnistheoretische Rückkopplungen, andererseits entsteht jedoch auch eine Denkbewegung, die sich vergleichen lässt mit der Freude über gefundene Ostereier, die man zuvor selbst versteckt hat.

Dem Team vertrauen

Besonders augenscheinlich wird dies in einer Keynote des US-amerikanischen Unternehmensberaters Simon Sinek. Unter dem Titel »Performance vs. Trust« hat Simon Sinek eine Keynote gehalten, die auf Social Media eine beachtliche Aufmerksamkeit erfahren hat. Er berichtet darin von seiner Arbeit mit dem »Navy SEAL Team 6«, einer Spezialeinheit des US-Militärs, die durch die Tötung von Osama bin Laden medial bekannt wurde. Simon Sinek hat als Berater mit dieser Spezialeinheit zusammengearbeitet. Er fragte deren Führungskräfte nach der Rekrutierung neuer Mitglieder, wie sie also die Eignung für ihr Team feststellen. Schließlich haben Personalentscheidungen mitunter existenzielle Auswirkungen auf die gesamte Gruppe, da die Mitglieder auch in extremen Stresssituationen sich wechselseitig und blind ihr Leben anvertrauen sowie mit höchster Präzision agieren sollen.

Zwei Dimensionen, so Simon Sinek, stünden im Zentrum der Rekrutierung: Vertrauen und Leistung. Überraschenderweise wurde jedoch nicht nach Menschen mit hoher Leistung und hohem Vertrauen gesucht. Stattdessen wurde das Vertrauen stärker gewichtet, das heißt, es wurden Menschen gesucht, die ein hohes Level an Vertrauen und ein mittleres Level an Leistung aufweisen. Dass Hochleistungspersönlichkeiten zum Narzissmus tendieren und daher im Team nicht gut agieren, ist vielfach empirisch belegt. Insofern überrascht diese Gewichtung nur auf einen ersten Blick.

Das Vertrauen individualisieren

Die Keynote von Simon Sinek ist mitreißend. Ihr Erfolg auf Social Media ist gewiss auch begünstigt durch den Patriotismus und Militarismus in den USA sowie den damit verbundenen moralischen Schematismus in Bezug auf Gut und Böse. Als entscheidend für die Verbreitung verdächtige ich jedoch einen anderen Aspekt, den ich als Psychologisierung bezeichnen will. Sie folgt dem Zeitgeist der hyperindividualisierten Gesellschaft und ist selbst Medium und Triebkraft dieses kulturellen Prozesses. Jedenfalls scheint es mir kein Zufall zu sein, dass in den zurückliegenden Dekaden in der Management- und Organisationsforschung der Einfluss psychologisch informierter Wissenschaften gestiegen ist. Sie harmonieren in vielen, insbesondere in den populärwissenschaftlichen Varietäten mit der tiefer liegenden gesellschaftlichen Tendenz, jede Einzelne und jeden Einzelnen individuell verantwortlich zu machen für gleichermaßen den eigenen Erfolg wie das eigene Elend. Soziale Phänomene werden in der Konsequenz individualisiert und damit um ihre gesellschaftliche Dimension gebracht. Kultur wird theoretisch und praktisch verleugnet. Fortan gibt es nur noch das Zerrbild einzelner Menschen und deren individueller Leistungen oder Unvermögen. Sämtliches Heldenepos von den großen Unternehmer*innen und den schillernden Führungskräften in Politik und Wirtschaft beruht auf diesem Manöver.

In Zeiten, in denen Menschen ihre Gesellschaftlichkeit zunehmend verleugnen und sich in der Singularität der eigenen Lebensführung zu profilieren suchen, kommen solche Verkürzungen an, da sie den Nerv der Zeit treffen. Doch sie sind nicht sonderlich klug. Und sie helfen auch nicht, aus der schieren Beschwörung in die Gestaltung zu gelangen. Das gilt auch für Vertrauen. Was Simon Sinek letztlich tut, ist Vertrauen als etwas zu behaupten, das die einen Menschen haben und die anderen nicht. Inwieweit handelt es sich bei Vertrauen jedoch um eine individuelle Charaktereigenschaft oder eine persönliche Disposition?

Die Relationen verstehen

Unbenommen ist die Erfahrung, dass wir dem einen Menschen mehr, dem anderen Menschen weniger vertrauen. Gerade in dieser Erfahrung, dass es nicht restlos bei uns und unserer Gutgläubigkeit liegt, dokumentiert sich gleichwohl, dass Vertrauen sozialtheoretisch als relationales Geschehen in Kontexten zu begreifen ist. Es handelt sich um eine Beziehungseigenschaft, die nicht verstanden werden kann, wenn von dieser Relation lediglich ein Relatum in den Blick genommen wird. Erst in der Konstellierung der beiden Relata in einem Kontext kann die Figur des Vertrauens substanziiert werden.

Vertrauen ist also nichts, was die eine Person hat und die andere nicht. Vertrauen entsteht im Dazwischen. Jemand vertraut in einem Kontext einer Person oder einer Sache in Bezug auf etwas, wobei die Relata der Vertrauensrelation auch in eins fallen können – diesen Fall nennen wir Selbstvertrauen. Mit dieser analytischen Bestimmung ist die personale, die sachliche sowie die raumzeitliche Dimension des Geschehens markiert. In diesem Dreiklang wird ersichtlich, warum es sowohl theoretisch als eben auch praktisch zu kurz gesprungen ist, Vertrauen als eine Charaktereigenschaft zu behandeln, über die man verfügt oder nicht. Individuen spielen nur insoweit eine Rolle, als sie Bezugsgrößen in dem Geschehen sind. Auf eine individuelle Ebene zurückgespielt, stellen sich die Fragen, wie Menschen es lernen können, so zu handeln, dass andere ihnen vertrauen und sie anderen vertrauen. Was brauchen sie dafür?

Die Spiele verstehen

Wenn moderne Unternehmen Vertrauen voraussetzen, der Aufbau von Vertrauen als Beziehungsgeschehen jedoch unter Bedingungen volatiler Erwerbsbiografien zunehmend schwieriger fällt, stellt sich die Frage, wie Bedingungen für Vertrauen gestaltet werden können. Über die Kontextualität von Vertrauen ist der Hinweis gegeben, dass es sich um ein kulturelles Phänomen in Raum und Zeit handelt. Und zum Verständnis von kulturellen Dimensionen ist Differenz eine hilfreiche Methode: Wo gilt ein Handschlag, wo das Papier als verbindlich? Wo werden Haus-, Büro- und Autotüren verschlossen und wo nicht? Aus der Analyse der praktischen Vertrauensrelationen können Ansätze zur gelingenden Gestaltung abgeleitet werden.

Worum es dabei im Kontext von Unternehmen gegenstandsbezogen geht, sind Institutionen. John Searle hat sie eingängig beschrieben als *X zählt als Y in K*. Ein Phänomen (X) bedeutet etwas (Y) in einem Kontext (K). Ändert sich eine Variable, ändert sich das gesamte Geschehen. Deswegen scheint es normal zu sein, wenn ein Drill Instructor der US-Army in der Kaserne Rekrut*innen erniedrigt. Würde dieselbe

Person sich so beim Gottesdienst, im Schulunterricht oder beim Familienausflug gerieren, würde das für verdutzte Blicke sorgen. Umgekehrt würden ein Pastor und eine Sozialkundelehrerin in der militärischen Ausbildung wohl deplatziert wirken. Je nachdem, welches Spiel (K) gespielt wird, sind unterschiedliche Rollen (X) mit unterschiedlichen Bedeutungen (Y) erforderlich. Deswegen fällt es in einigen Kontexten leichter als in anderen, den dreien in Bezug auf Drill, Sozialkunde oder spiritueller Begleitung zu vertrauen.

Die Institutionen führen

Institutionen sind also Bedeutungen in Kontexten. Es sind kollektiv akzeptierte Regelsysteme, die sich performativ erhalten, das heißt, die mal mehr, mal weniger bewusst ablaufen, jedoch stets und ausschließlich in und durch das Handeln Handelnder reproduziert und verändert werden. Sie steuern keine Praxis, präfigurieren sie jedoch. Gewissermaßen denken Institutionen Handlungen vor und zeichnen damit einen Weg. Sie legen die eine Handlung näher als eine andere, ohne sie jedoch vorzuschreiben. Darin liegt ihre Kraft. Sie sind desto stabiler, je weniger über sie nachgedacht wird. Institutionen strukturieren so das soziale Leben, ob rote Ampeln, Studienabschlüsse, Heiraten oder das Onboarding für neue Mitarbeitende. Als kollektive Vereinbarung vertrauen wir auf die Einhaltung. Ohne dieses Vertrauen verlieren sie ihre regulative Wirkung: Geld würde nicht mehr als Tausch- und Zahlungsmittel funktionieren, Arbeits- und Geschäftsprozesse würden im Chaos enden: Der Krieg aller gegen alle bräche aus – mal mehr, mal weniger gewaltförmig.

Institutionen ermöglichen also, einander zu vertrauen, indem die Bürgschaft der Institution in die Vertrauensrelation als verlässlicher und selbstloser Kontext eingebracht wird. Diese Verlässlichkeit und diese Selbstlosigkeit sind auch wichtig, wenn es um die Gestaltung von Institutionen in Organisationen geht. Dies ist die Aufgabe der Unternehmensführung. Sie bedeutet Führung von Institutionen und nicht etwa Menschenführung. Es ist ein weitverbreitetes Missverständnis, dass die Aufgabe von Führungspersönlichkeiten darin läge, Mitarbeitenden zu sagen, was sie zu tun oder zu lassen haben. Das ist zumindest in demokratischen Gesellschaften ein befremdliches und rechtfertigungsbedürftiges Menschenbild. Auf nur andere Weise wird zum Beispiel in der New-Work-Bewegung das Kind mit dem Bade ausgeschüttet, wenn Führung auf Begleitung reduziert wird. Führungspersönlichkeiten leiten weder eine Erwachsenentagesbetreuung noch einen Escort Service. Unternehmensführung bedeutet stattdessen die Ausrichtung von betrieblicher Praxis, ihr also eine Richtung zu geben, indem gemeinsam akzeptierte Regelsysteme entwickelt werden, die als instituiertes Scharnier das Kollektive mit dem Individuellen verknüpfen und darüber Vertrauen zwischeneinander ermöglichen.

Die Rollen spielen

Institutionen sind Theaterstücke, von denen wir vergessen haben, dass wir sie aufführen. Das macht sie produktiv und leistungsstark. Und zugleich liegt darin ihre Gestaltbarkeit begründet: indem Menschen lernen, neue Stücke aufzuführen. Dies, und nur dies, ist die Aufgabe von Führung: Institutionen zu gestalten und Menschen zu befähigen, eigene Lesarten des Stückes zu entwickeln, um ihre Rolle herausbilden zu können. Führungskräfte müssen dafür eine Freude am Rollenspiel entwickeln, und sie müssen ihre Mitarbeitenden in die Lage versetzen, Teil davon zu sein. Erst dann, wenn Menschen lernen, je nach Kontext zwischen unterschiedlichen Rollen, Bedeutungen und Ansprüchen zu unterscheiden, werden Organisationen im gleichen Maße leistungsstark wie dynamisch und innovativ. Die gute Nachricht ist: Das kann gelernt werden. Die Fähigkeit, zwischen der persönlichen, der kollegialen und der institutionellen Ebene zu unterscheiden, braucht weder Coaches noch Consultants, sondern lediglich die Freude am Rollenspiel. Mitarbeitende müssen verstehen lernen, dass Institutionen auf Rollenspiele angewiesen sind, die nichts mit ihnen als Persönlichkeiten zu tun haben. Wie wäre es also, zukünftig einfach die Spiele zu benennen, damit klar ist, welches Stück gespielt wird? »Heute spielen wir Abschlussbericht. Morgen spielen wir Entwicklungsgespräch.« Wenn die Theaterstücke benannt sind, sind die Rollen klar. Nun wissen alle Seiten, welche Logiken und Ansprüche im Raum sind und dass etwaiger Konflikt oder widerstreitende Positionen nicht persönlich sind, sondern etwas mit dem institutionellen Setting zu tun haben. Mitarbeitende können so lernen, einander zu vertrauen, weil sie sich als Menschen und Kolleg*innen begegnen können, die Verständnis füreinander haben, da sie die institutionelle Funktionsträgerschaft nicht persönlich nehmen. Ich behaupte: Die Zusammenarbeit macht so nicht nur mehr Spaß, weil gemeinsam über die Absurditäten des Lebens gelacht werden kann. Sie führt auch zu den besseren Ergebnissen, weil ohne Befindlichkeiten in der Sache gearbeitet wird.

Das Vertrauen kultivieren

Als kulturelle Frage geht es bei Vertrauen um die betriebliche Praxis des Unternehmens. Und Praxis braucht weder Hochglanzpapier noch Imagefilm oder Flowcharts mit Idealtypen. Praxis braucht in erster Linie Übung. Wer im Wissen um Institutionen führt, weiß, dass Eingeübtes stabiler ist als Angeordnetes. Letzteres steht sogar in der Gefahr kognitiver Dissonanzen, sobald Schein und Sein systematisch auseinanderfallen. Die Aufgabe von Führungskräften ist es daher nicht, möglichst vertrauensvoll zu sein, Vertrauen anzuordnen oder die eigene Professionalität in Kumpelhaftigkeit zu verlieren. Die Aufgabe von Führung ist es, Institutionen zu schaffen, Räume zu öffnen und Bedingungen zu organisieren, damit Verlässlichkeit, Empathie und Selbstlosigkeit in dem Sinne eingelernt werden können, als dass es nicht nur um die Verfolgung der eigenen Interessen geht.

Erst wenn im Erfahrungsschatz der Mitarbeitenden vorhanden ist, dass Abhängigkeit zum Gelingen beiträgt, da nur so in arbeitsteiligen Unternehmen Spezialisierungsgewinne aktiviert werden können, entsteht Raum für den Mut, sich von anderem, anderen oder sich selbst abhängig zu machen. Denn Vertrauen setzt ein Sichtrauen voraus. Auch wenn es unbequem ist, insofern als es die Sache schwieriger macht, bedeutet das schlussendlich: Vertrauen ist nicht das Ziel, sondern der Lohn guter Unternehmensführung.

Literaturverzeichnis

Thomas Beschorner; Dana Sindermann (Hg.): *Wirtschaft ist Kultur. Wirtschaftsphilosophische und wirtschaftsethische Beiträge.* Marburg 2021.

Ulrich Bröckling: *Das unternehmerische Selbst. Soziologie einer Subjektivierungsform.* Frankfurt am Main 2007.

Alain Ehrenberg: *Das erschöpfte Selbst. Depression und Gesellschaft in der Gegenwart.* Frankfurt am Main 2011.

Peter Gross: *Die Multioptionsgesellschaft.* Frankfurt am Main 1994.

Thomas Hobbes: *Leviathan. Or the Matter, Form, and Power of a Commonwealth Ecclesiastical and Civil.* London 1651.

Lars Hochmann; Stephanie Birkner; Hans Jürgen Heinecke: *Digitale Agonistik. Unternehmen der so oder anders digitalisierten Gesellschaft.* Marburg 2020.

Talcott Parsons: *The Structure of Social Action. A Study in Social Theory with Special Reference to a Group of Recent European Writers.* 2. Aufl., Glencoe 1949.

Thomas J. Peters; Robert H. Watermann: *Auf der Suche nach Spitzenleistung.* 10. Aufl., Landsberg am Lech 1984.

Reinhard Pfriem: *Unternehmenspolitik in sozialökologischen Perspektiven.* Marburg 1995.

Andreas Reckwitz: *Die Gesellschaft der Singularitäten. Zum Strukturwandel der Moderne.* Berlin 2017.

Hartmut Rosa: *Beschleunigung und Entfremdung.* Frankfurt am Main, Berlin 2013.

John R. Searle: *The Construction of Social Reality.* New York 1995.

Hans Ulrich: »Management – Eine unverstandene gesellschaftliche Funktion«, in: Stiftung zur Förderung der systemorientierten Managementlehre (Hg.): *Hans Ulrich. Gesammelte Schriften.* Bern, Stuttgart, Wien 2001 (Management: Aufsätze 2. Teil 1981–1998, 5), S. 141–163.

FLXX *CLÄSSIX*
Schlussleuchten
von und mit
Peter Felixberger

Achtung: Chef!

Wirtschaft als Pop- und Führungskultur. Das Drehbuch

Ausgangsblende

Der alte Chef hat ausgedient. Als Industriekapitän stand er früher auf der Brücke und dirigierte sein Firmenschiff durch Klippen und Unwetter. Davon will heute keiner mehr etwas wissen. Der digitale Kapitalismus fordert eine neue Führungskultur. Jetzt dürfen alle einmal Chef sein! Partizipativ, flexibel, selbstbestimmt, kreativ und selbstmotiviert lautet das neue Organisationsmantra für die Mitarbeiter. Digital Natives, Business Model und Network Thinker sind die neuen »Chefs«, ohne Chef sein zu wollen. Manager, Unternehmer und Medien beginnen deshalb, alte und neue Führungskulturen als großes Entweder-oder zu inszenieren. Darum herum bilden sie Gewissheiten, die in der jeweiligen Selbstüberhöhung als letzte Wahrheit enden. Der Chef denkt neu und lenkt alt. Der Chef denkt alt und lenkt neu.

Akteure
Management-Godfather
Leadership-Vordenker
Leadership-Querdenker
Design Thinker
Basketball-Altmeister
Großsoziologe
Unternehmensberater
Wissenschaftler, Politiker und Funktionäre
Digitale Transformatoren
Mönch
Leitartikler
Junge Wilde
Mittelständischer Unternehmer

Startimpulse
In turbulenten Zeiten ökonomischer Verwerfung und digitaler Disruption rufen Libertäre nach sozialer Gleichschaltung: »Keine Macht für Niemand. Mehr Demokratie wagen.« Die digitale Revolution verändere Gesellschaft und Arbeitsstrukturen. Hierarchien verschwinden, flexible Netzwerke übernehmen das Kommando. Mitarbeiter und Volk dürfen mitreden. Po-Po-Postdemokratie! Go-Go-Google! Das Spiel der Reflexe kann beginnen. Ein Design Thinker warnt: »Wer in Zeiten der Digitalisierung immer noch in Hierarchien, Fachgebieten und lexikalischen Kategorien denkt, wird den Anschluss bald verpasst haben.« Unterdessen verkünden postmoderne Leadership-Vordenker das Ende des Top-downs, es verbrauche zu viel Energie und sei ineffizient. Bottom-up hingegen bedeute selbstverantwortliche Mitarbeiter, schnelle Wege und kleinteilige, iterative Kommunikationspfade. Erfolg komme von unten! Halt, ruft ein Leadership-Vordenker alten Schlags: »Vernünftige Kontrolle muss darauf gerichtet sein, das Verhalten der Menschen zu steuern. Es gibt einen alten Grundsatz: People behave as they are con-

trolled.« Effizienz, Leistung und Resultate seien die Stabilitätsanker in Wirtschaft und Gesellschaft. Dafür benötige man gutes und richtiges Management. Auch und besonders von oben. Cäsar still alive!

Tiefenbohrung

Da müssen wir im Erörterungsprogramm zunächst einige Jahrzehnte zurückgehen, um am Ende zu verstehen, dass wir mitten in der Petersilie stehen. Management, so der Godfather der Managerzunft, definiere sich wie folgt:»Menschen durch gemeinsame Werte, Ziele und Strukturen, durch Aus- und Weiterbildung in die Lage zu versetzen, eine gemeinsame Leistung zu vollbringen und auf Veränderungen zu reagieren.« Durch das Management werden Menschen folglich zu Leistungsträgern ausgebildet, die sich in einer Veränderungskultur behaupten müssen. Stellt sich die Frage, ob sie das als unterstes Glied einer Befehlskette tun oder im hierarchiefreien Miteinander? Der Godfather hat zeitlebens darauf hingewiesen, dass gutes Management eigentlich nur drei Funktionen erfüllen müsse:»1. Es hat den spezifischen Zweck und die Mission der Einrichtung festzulegen, sei es, dass es sich dabei um ein Unternehmen, ein Krankenhaus oder eine Universität handelt. 2. Es hat dafür zu sorgen, dass die Einrichtung produktiv ist und die Arbeitskräfte effektiv arbeiten. 3. Es hat die soziale Wirkung und die soziale Verantwortung der Einrichtung zu steuern.« Unternehmen seien deshalb nicht, wie in der klassischen Ökonomie, Agenturen der Gewinnmaximierung. Der Zweck eines Unternehmens bestehe vielmehr darin, einen Kunden zu finden. Wirtschaftliches Handeln bestehe sogar darin, einen Kunden zu schaffen, falls Nachfrage oder Angebot noch nicht existieren würden.

Tiefenbohrung

Produktiv, effektiv und sozial verantwortlich, aber nicht primär gewinn-, sondern kundenorientiert! So lautet die erste Codierung in der Geschichte des Managements. Dabei ist insbesondere der Begriff der

Effektivität von Interesse. Effektive Arbeit bedeutet, das Richtige zu bearbeiten. Das Richtige zu bearbeiten wiederum bedeutet, eine Leistung für Kunden zu erbringen, die dafür zahlen. Um die Komplexität des Richtigtuns zu berücksichtigen, bedarf es Manager, die als Orchesterdirigenten die Koordinierung steuern und erleichtern. Die Metapher des Dirigenten ist eng mit dem Leitbegriff der Leistung verknüpft. Ein Leadership-Querdenker schreibt: »Eine Führungskraft ist einem Orchesterdirigenten vergleichbar, dessen Ziel es ist, einer bunt gemischten Gruppe von Menschen die bestmögliche Leistung zu entlocken, wobei innerhalb der Gruppe jeder eine fest vorgegebene Rolle hat. Der Dirigent sorgt für die nötige Koordination.«

Reflexe

Der Großsoziologe aus dem Jenseits sieht das mit den Rollen erfahrungsgemäß etwas differenzierter: »In jeder Organisation entwickelt sich unter der formalen eine informale Ordnung mit eigenen Rollen, mit individueller geformten, persönlicheren Erwartungen, mit kleineren Gruppen und Cliquen, die brauchbare Abweichungen in ihrem Kreise legitimieren, Machtschwerpunkte bilden und ihre Mitglieder in allerlei Fehden unterstützen. Eine solche informale Ordnung ist typisch nicht zweckspezifisch, sondern personal orientiert. Ihre Kristallisationspunkte sind diejenigen Bedürfnisse, welche die formale Organisation nicht befriedigt oder durch ihre Einseitigkeit schafft.« Das ist aber in der rauen Businesswelt bereits der Keim des Untergangs. Menschen! Sie treten auf, sie mischen sich ein, sie machen Unfug. Das hat Folgen. Parallel zu Rationalität und Effizienz des Managements bilden sich kleine selbstverantwortliche Macht- und Meinungskartelle, die ihre eigenen Ziele verfolgen. Chefs können dann plötzlich im Wege stehen und werden unter Umständen informal abgekoppelt. Mitarbeiter emanzipieren sich schließlich von vorgegebenen Befehlsketten und modellieren die Arbeitsumgebung neu. Immer darauf bedacht, ab jetzt störungsfrei und selbsttätig agieren zu können.

Der gewiefte Leadership-Vordenker erkennt natürlich sofort die Dramatik des Augenblicks und formuliert einen möglichen Ausweg: »Als Führungskraft müssen Sie die Wirklichkeitskonstruktion Ihres Mitarbeiters grundsätzlich irritieren, wie immer sie auch aussieht – auch, wenn Sie persönlich ihr zustimmen. Sie müssen sie stören, mit einer Alternative versorgen, damit er wieder wählen kann, sich entscheiden muss, und aus genau dieser Entschiedenheit Kraft und Engagement schöpft. Wenn Motivieren je einen Sinn hatte, dann diesen: Menschen Wahlmöglichkeiten vor Augen führen. Denn nur wer eine Situation als selbstgewählt erlebt, ist mit ganzem Herzen bei der Sache.«

Tiefenbohrung

Mit dem Begriff »Motivation« wird in der Leadership- und Managementdebatte eine wichtige neue Sedimentschicht angebohrt. Ausgangspunkt ist die Erkenntnis: »Jeder ist motiviert. Man muss es nur zusammen entdecken.« Der Weg führt über die Wahrnehmung des anderen. Es ist übrigens ein berühmter Kinderpsychologe, der erstmals die Idee der Dezentrierung beschreibt. Sprich: das Phänomen, wenn Kinder außer sich selbst zum ersten Mal einen anderen, ein Gegenüber, wahrnehmen und damit ihre selbstzentrierte Wahrnehmung aufgeben. Genau das wird ab jetzt in der Motivationsforschung jeder Führungskraft empfohlen, die ihrem Mitarbeiter gelegentlich ahnungslos wie der Ochs vorm Berg gegenübersitzt. Motivation, modern gedreht, bedeutet: Eine Führungskraft geht auf das Gegenüber ein und verlässt dafür seinen Feldherrnhügel.

Ein Leadership-Vordenker kommt pfeifend um die Ecke und sieht die Führungskraft in der eigentlichen Pflicht. »Manager, die mit ihren Mitarbeitern nicht zurechtkommen, haben meist selbst ein Problem.« Ein Mitarbeiter müsse sich wohlfühlen, um motiviert und leistungsfähig zu sein. Dies könne ein Manager aber nicht durch Appelle, Belohnungen und Strafen erreichen. Sondern nur durch individuelle Wahrnehmung und Hinwendung, den anderen verstehen zu wollen. »Zur Wahrnehmungsfähigkeit gehört vor allem, gut mit unstrukturierten Situationen, unverständlichen Informationen oder unberechenbarem Handeln umzugehen.« Kurzum: Wer seine Mitarbeiter über einen Führungskamm scheren will, erzeugt Demotivierung. Vielmehr gilt: Jeder ist ein Andersdenkender. Gute Führung beginne deshalb immer an dieser erkenntnistheoretischen Weggabelung.

Und bei der offenbaren Wertschätzung seiner Mitarbeiter, durch die man zu mehr Selbstverantwortung kommt. »Ein Wir-Gefühl kann sich entwickeln oder besser ent-wickeln: Es ist nämlich bereits da und muss nur ausgepackt, freigelegt, eben ent-wickelt werden. Es sollte mit dem Teufel zugehen, wenn daraus nicht neue Kreativpotentiale freigesetzt werden würden, die zwangsläufig zu Erfolgserlebnissen führen, die dann eine Eigendynamik entstehen lassen, die es ermöglicht, bei jeder neuen Herausforderung andere, bessere Lösungen zu generieren.« Willkommen im Managementparadies motivierter und achtsamer Miteinanderer!

Reflexe

Da lacht von einem anderen Kontinent ein Ex-Bürgermeister aus einer Weltmetropole zurück und schiebt den Romantikern den Riegel vor, indem er auf einen anderen Großsoziologen hinweist, der den guten, alten Cäsarismus begründet hat. Dieser ist sozusagen der Urvater der charismatischen Führung, der in einer bürokratisch regulierten Welt auf das »große Individuum« setzt, das sich über die gegebene Ordnung hinwegsetzt und die trägen Massen seinem Willen unterwirft. Er habe gewissermaßen das Recht erworben, »der in bürokratischer Routine erstarrten Masse neue Gebote zu geben«. Oder wie ein weiterer Leadership-Vordenker hinzufügt: »Dieser Einzelne steht außerhalb der Gesellschaft und über ihr, er handelt – Reminiszenz an das Gottesgnadentum der absolutistischen Fürsten – im Auftrag des obersten Herrn und ist deshalb rational weder verstehbar noch kritisierbar.«

In den USA nennt man so jemand »Great Man«. Jemand, der über allem steht, und seien es Not und Chaos. Dann funktioniert der Great Man besonders gut. Denn gesellschaftliche Krisen sind der ideale Nährboden für diesen Typus, vor allem genau und insbesondere dann, »wenn die Not und Ratlosigkeit so groß sind, dass die nächstbeste Person, die entschlossen die Chance nutzt, zum Kristallisationskern von Hoffnungen wird und Gefolgschaft findet«. Interessanterweise ist es aber nicht nur die Ausstrahlung der Führungsperson, die ihren Stern noch heller strahlen lässt. Nein, Not und Chaos suchen vielmehr nach einem menschlichen Gesicht als stellvertretendes Symbol. Will sagen: Charismatische Führung entsteht nicht aus krisenhaften Situationen heraus. Vielmehr wird jemand stellvertretend als krisenlösende Führungsperson definiert und konfiguriert.

In Krisenzeiten wird immer der Ruf nach Macht und Ordnung laut. Zu viel Freiheit und Selbstbestimmung führen die Unternehmen ins Verderben. Auftritt eines führenden Organisationssoziologen mit der These: Mit dem Abbau von Hierarchien steigen Druck und Unsicherheit auf die einzelnen Mitarbeiter. Entlastung sei gefragt, und die komme nur von oben, von den Unternehmenslenkern, welche die Entscheidungslast auf sich nähmen. »Mit zunehmender Differenzierung in selbstorganisierende, teilautonome Einheiten wird die Integration in ein Gesamtunternehmen immer schwieriger, gleichzeitig aber auch immer notwendiger.« Der König lebt!

Tiefenbohrung

Hin und her wiegt seit Jahrzehnten diese große Reflexschaukel. Die Verteidiger eines effizienz- und krisengestählten Cäsarismus einerseits, andererseits die Brückenbauer in eine selbstbestimmtere und eigenverantwortlichere Management- und Leadership-Praxis.

Die Gratwanderung zwischen Allmacht und Einzelmacht dauert indes ein Leben lang. Ein Management-Querdenker lässt tiefer blicken: Häufig bewegen sich Chef und Mitarbeiter in einer Scheinwelt verzerrter Spiegelbilder. Mitarbeiter »neigen dazu, ihre Phantasien auf ihre Führer zu projizieren, und deuten alles, was diese Führer tun, im Lichte des Bildes, das sie sich von ihnen erschaffen haben«. Die Chefs wiederum glauben, sie verkörperten tatsächlich diese fiktiven Wesen, zu denen sie ihre Gefolgschaft gemacht hat – erfolgreich, schön und glücklich, und das Leben immer fest im Griff. Was aber nur so lange funktioniert, bis die Scheinwelt irgendwann zusammenkracht und die Realität unnachgiebig auf den Tisch haut. Bis dahin fühlen sich alle pudelwohl. Die Chefs glauben, die Bedürfnisse ihrer Mitarbeiter auszuleben. Und die Mitarbeiter sehen sie endlich erfüllt. Das Ende vom Lied: »Wünsche treten an die Stelle von Fakten, und Illusionen verdrängen die Realität.« Die Unternehmenspolitik fußt dann auf verzerrten Wahrnehmungen.

Und ein Meisterpsychologe ergänzt, in eine ähnliche Kerbe schlagend: »Alle Menschen haben einen kindlichen Kern von Allmachts- und Grandiositätsvorstellungen in sich und alle wollen nach oben kommen. Und es ist ja nun so, dass in den Führungsetagen üblicherweise Menschen sitzen, die sehr hohe Ansprüche an sich selbst stellen, die ausgesprochen ehrgeizig sind und viel Bestätigung brauchen. Ohne diese narzisstischen Grundlagen hätten sie den Aufstieg nicht gewagt. Aber gleichzeitig sind sie damit auch gefährdet, sich selbst zu überschätzen, die Realität zu verlieren und damit anderen Menschen zu schaden. Dazu kommt, dass mit dem Zuwachs an Macht und Verantwortung immer auch Einschränkungen verbunden sind. Da ist zum Beispiel die Einsamkeit des Führenden, der sich durch seine Position nicht mehr so anlehnen kann wie vorher, der nicht mehr die Nähe zum Team hat, wo man sich Schulter an Schulter gegen den Leiter zusammengeschlossen hat. Vielmehr ist er jetzt in der Rolle desjenigen, der kritisiert, gefürchtet und angefochten wird. Für viele Führungskräfte ist es schwierig, mit diesem Verlust von Nähe zurechtzukommen und ihn reif zu bearbeiten. Entscheidend für das gesunde Selbstbild ist, wie es dem Einzelnen gelingt, die Balance zwischen den destruktiven und den konstruktiven Aspekten seines narzisstischen Kerns zu halten. Das muss auf jeder weiteren Karrierestufe neu gelernt werden und das gelingt oft nicht.«

Selbstüberhöher und Selbstbestimmer! Wahrscheinlich hätten wir mit diesen jeweils auserzählten Denkfiguren weiterhin schön Semantikhalma spielen können, wäre es nicht kürzlich zu einer ökonomischen Revolution gekommen: dem Übergang von der Industrie- zur Wissensökonomie. Auftritt eines Leadership-Querdenkers, der die Geschichte vom Bauern und Jäger erzählt: Er unterscheidet zwischen einer Bauerngesellschaft oder Old Economy, in der Bauern als pflichttreue Menschen Tradition und alte Ordnung garantieren. Und einer Jägergesellschaft oder New Economy, in der Jäger als risikofreudige Menschen kreativ die alte Ordnung zerstören und neue Produkt- und Dienstleistungswelten erschließen. »Der Bauer sagt zum Jäger: Wir leben in einer Bauerngesellschaft, in der die Felder bestellt werden, damit später, viel später, reich geerntet werden kann. In dieser Gesellschaft brauchen wir keine ständige Alarmbereitschaft, weil alles sicher und ruhig ist. Wir brauchen keine impulsiven Entscheidungen, weil wir alle Zeit der Welt zum Nachdenken haben, am Abend, am Ackerrand, wenn die Arbeit getan ist. Wir brauchen keine Sinnenlust, denn die macht ungeduldig, wenn man auf die Ernte wartet. Ihr Jäger leidet an der Lust auf Beute. Aber man hat nicht Lust auf Ernte. Man wartet auf die Ernte.«

An seine Stelle tritt der neue Typ des E-Man. Es ist »der Kreative, der Authentische, der Erfinder, Innovator, Unternehmer, der Flexible, Unverwüstliche, Optimistische, Kooperative, Kommunikative«. Der Jäger verbannt einfache, sich immer wiederholende Arbeit in die Maschinen, in die Computer. »Die Computer kontrollieren die Arbeit wie sonst nur an Fließbändern. Sie zählen genau, wie viele Akten ein Beamter bearbeitet, wie viele Schadensfälle ein Sachbearbeiter der Versicherung, wie viele Skiunfälle der Notarzt … Computer regeln jetzt alle normale Arbeit. Punktum.« Computer messen die Effizienz von Arbeit, geben Arbeitstakt und -teilung vor, überprüfen Arbeitsfortschritte. Sie ersetzen große Teile der Arbeit von Bauern. Die frei gewordene Energie müsse in der Wissensökonomie so kanalisiert werden, dass es jetzt nicht

mehr nur um Effektivität gehe, sondern darum, das Optimale zu erreichen. Was in der Erkenntnis gipfelt:»Wir brauchen nur noch Menschen, die das Beste verbessern.« Der Computer sagt deshalb zum
Bauern:»Gehe hin und sei jetzt kreativ. Höre auf, Sicherheit zu schätzen. Ändere dich täglich. Geh unverzagt ins Ungewisse. Lass das Normale. Werde ein Nomade. Werde ein virtueller Nomade, der in einer
neuen unerschöpflichen kreativen Welt von Oase zu Oase zieht! Werde
wendig, ideenreich, flexibel.«

Der Jäger ist immer auf der Suche nach neuem, verwertbarem Wissen. Kreativität sucht deshalb permanent nach neuen Gelegenheiten.
Es geht darum, Gelegenheiten zu ergreifen, um kreativ zu sein. Kreativität wird auch»als Fähigkeit zum Ausnutzen von Gelegenheiten« definiert. Oder anders gesagt:»als Verwendung von Zufällen zum Aufbau
von Strukturen«. Der Großsoziologe aus dem Jenseits verweist auf seinen alten zweistufigen Kreativitätstest (unbewusst für Bauern und Jäger
entwickelt):»Man nehme sein Gewissen und gehe in das Nachbarzim-
mer. Wenn man feststellt, dass der Nachbar Bücher liest wie man selbst,
und wenn man dann ein schlechtes Gewissen verspürt, ist man nicht
kreativ. Man will ihn nachahmen. Wenn man dagegen feststellt, dass
der Nachbar die gleichen Bücher liest wie man selbst und man dann
ein schlechtes Gewissen verspürt, ist man vermutlich kreativ. Denn
dann sucht man, vielleicht unbewusst, neue Wege. Kreativität wird hier
also über die Steuerung von Schuldgefühlen getestet.«

Reflexe

Da hebt einer der großen Basketball-Altmeister den Arm und verweist
auf die unbelastete und unschuldige Kreativität als Quelle höchster
Freiheit:»Im Spiel haben wir die Freiheit, tätig zu sein, ohne arbeiten
oder uns um irgendetwas sorgen zu müssen. Es ist der Zustand, in dem
wir die Zeit vergessen und das Spiel unbeschwert wird. Der Moment,
in dem der Ball wie an einer Schnur gezogen in den Korb fliegt. Im
Moment, in dem die Freiheitsgrade so hoch sind, dass sich der Spieler

durch nichts gezwungen oder eingeschränkt fühlt, sollte der Spieler seinen Spieltrieb ausleben, sollte seine überbordenden Kräfte spüren, sich austoben und die Zeit vergessen dürfen.«

Spielerische Kreativität im Job. Die Königsdisziplin in der Neuen Ökonomie. Davon träumen jüngere Generationen, wenn sie bisweilen als Recherckeknechte in Praktika missbraucht werden. Womit wir bei der Generation Y sind. Angesichts kreativer Revolution allerorten kulminieren in ihren Köpfen Sehnsucht und Allmacht: »Wir sind also die Generation *Wir sind nicht hier, wir sind überall* – immer flexibel, permanent online und verfügbar. Es gibt kaum einen Kontinent, auf dem wir keine Freunde haben, immer ist irgendwer gerade unterwegs in ein neues Leben und ständig zeigt die Timeline Lebensortwechsel an. Heimat und Zuhause sind deshalb für uns viel schwerer definierbare Begriffe geworden. Heimat ist für uns meistens dort, wo wir einen Internetanschluss, Freunde und eine Skypeverbindung haben – in anderen Worten – (fast) überall.« Auftritt eines empirischen Sozialforschers: »Dabei geht es weniger um das Work-Life-Klischee, als darum, die verschiedenen Wünsche, Bedürfnisse und Interessen anzuerkennen und organisatorisch zu synchronisieren. Dies wäre wohl auch die Bedingung der Möglichkeit für Kreativität.«

Auftritt einer Gruppe junger wilder Berater in einer deutschen Großstadt: »Als wir mit dem Studium fertig waren, standen wir da: reif für den unterdrückenden Arbeitsmarkt in einer Welt voller Stoppschilder. Kurzum: Wir waren versaut. Wir hatten den Spaß unseres Lebens und wollten partout nicht einsehen, warum das gerade jetzt aufhören sollte. Also haben wir das gemacht, was anscheinend Generation-Y-typisch ist: Wir haben uns zusammengerottet und in der ebenfalls typischen Egomanie festgestellt, dass es doch einen Platz geben muss für uns in der freien Wirtschaft.« Heute leben die jungen nicht mehr ganz so Wilden übrigens von Unternehmen, die vor lauter Effizienz und Stabilität das Kreativsein verlernt haben.

Tiefenbohrung

Die Offerte im dauerkreativen Marktwettbewerb besteht nur noch darin, der Kreativste zu sein, um nicht nur Kunden zu finden und zu binden, sondern das einzigartige Produkt und die einzigartige Dienstleistung zu erfinden. Unternehmer, Manager und Führungskräfte werden plötzlich kreativ, rundherum bildet sich ein Dienstleistungsheer. So prognostizieren es Wissenschaftler: »Die künftigen Anforderungen des Arbeitsmarktes und die Organisation der Arbeit führen zu einer Zweiteilung der Erwerbstätigen.« Auf der einen Seite die Kernbelegschaften in Unternehmen, die »über Qualifikationen und spezifische Erfahrungen verfügen«, durch die sie für Firmen unverzichtbar werden. Ihnen zur Seite die hoch qualifizierten Selbständigen, die flexibel in die Projektarbeit in Unternehmen eingebunden werden und ihre Aufträge eigenständig und in Netzwerken ausführen. Auf der anderen Seite die Verlierer dieser neuen Arbeitswelt mit den Randbelegschaften, die vorübergehend eingestellt werden und über »solide, aber nicht über unverzichtbare Qualifikationen verfügen«. Und mit der Gruppe der Selbstbeschäftigten. »Sie betätigen sich insbesondere in wissensintensiven und wenig Betriebskapital erfordernden Dienstleistungsbereichen und unterstützen die Netzwerke der Hochqualifizierten mit einfachen Serviceleistungen oder arbeiten im Bereich der personenbezogenen Dienstleistungen.« Es bildet sich in der zukünftigen Arbeitswelt eine Subcodierung des Innen und Außen heraus. Innen die bourgeoisen Arbeitseliten als Eigentümer kreativen Wissens und als Optimierungsstrategen. Außen die proletarischen Randbelegschaften und Selbstbeschäftigten als Verkäufer standardisierter Dienstleistungen und als effektive Erfüllungsgehilfen der Leistungsträger im Inneren.

Reflexe

In den letzten 15 Jahren haben sich mehrere Versöhnungs- und Erlösungssemantiken im Sowohl-als-auch-Modus etabliert. Sie versuchen, das Innen und Außen, das Oben und Unten, das Entweder-oder in

Führung und Management miteinander zu verbinden. Ein bereits verstorbener, ehemaliger Minister probierte es beispielsweise mit dem Ausgleich von Solidarität und Wettbewerb: »Wie wird aus einer Wettbewerbsgesellschaft, in der es immer mehr Verlierer als Gewinner geben muss, eine Gesellschaft, die den Wettbewerb fördert, wo er notwendig und hilfreich ist, die aber zuerst auf Zusammenarbeit und gegenseitige Hilfe setzt?« Vorrang haben, so der Doyen, Gemeinwohl, sozialer Ausgleich und soziale Solidarität. Das materielle Gewinnstreben einer Erfolgsgesellschaft müsse zugunsten einer solidarischen Leistungsgesellschaft aufgegeben werden.

Diese postindustriell bezeichnete Gesellschaft fuße auf einer kooperativen Wirtschaftswelt. In den Wirtschaftswissenschaften vollziehe sich diesbezüglich ein Paradigmenwechsel. Ein Leitartikler einer großen Wochenzeitung: »Das neue Bild vom wirtschaftlich handelnden Menschen zeigt eine bemerkenswerte Form der Rationalität. Es ist ein Bild, geprägt von Charakter und Genen, von Evolution und Kultur, Lernen und sozialen Erfahrungen. Vielfach regiert die Intuition. Das bewusste Abwägen schaltet sich zusätzlich ein, aber nur in der Minderzahl unserer Entscheidungen. Das alles ist hoch effizient und hat doch seine Kosten.« Der auf dem Markt agierende und seinen Nutzen maximierende Homo oeconomicus begründet seine Wertschöpfung nicht mehr ausschließlich in einer Wettbewerbs-, sondern in einer kooperativen Ökonomie. Er, der stets rational handelt und durch Geld und Nutzen angespornt wird, mutiert jetzt zu einem tugendhaften Menschen, der gerecht, weise, tapfer und maßvoll durch die Welt geht. Ein Mensch, der sich im Boom nicht mehr von Erfolg und Reichtum blenden lässt und der in der Talsohle seine Existenz nicht mit allen Mitteln zu verteidigen sucht. Jemand, der lang- statt kurzfristig denkt. Kooperativ konkurrieren ist die Leitbegrifflichkeit dieser mit sich selbst versöhnten Ökonomie. »Coopetition« heißt es in einem Standardwerk der Spieltheorie. Es bedeutet, Geschäftsmodelle mit komplementären Mitkonkurrenten, die jetzt Mitspieler heißen, zu betreiben. Also mit Akteuren, die ergänzende Leistungen anbieten, sich aber eigentlich im Konkurrenzumfeld befinden.

Noch einen Schritt weiter geht die Social-Business-Bewegung. Sie beschreibt sich selbst als Motor für eine ökosoziale Marktwirtschaft und verknüpft krisenhafte gesellschaftliche Problemlagen als Geschäftsanlässe mit der Kooperationssemantik des humanen Kapitalismus. Unternehmen verfolgen demnach Ziele, die über die klassische Markt-, Wettbewerbs- und Leistungscodierung der Wirtschaft hinausgehen. Auftritt eines alten Journalistenhaudegens: »Der Zweck von Unternehmen, die dem Social-Business-Gedanken folgen, ist die Lösung gesellschaftlicher Probleme. Social-Business-Unternehmen sind dem Dienst für individuellen, gemeinschaftlichen und gesellschaftlichen Fortschritt im Sinne einer sozial und ökologisch nachhaltigen Entwicklung gewidmet und wurden zu diesem Zweck gegründet. Social-Business-Unternehmen arbeiten ebenso wie normale Unternehmen gewinnorientiert, aber der Hauptteil des Gewinnes verbleibt im Unternehmen und wird zur Ausweitung von dessen jeweiligem sozialen beziehungsweise ökologischen Zweck eingesetzt. Während eine auf Gier ausgerichtete Ökonomie auf monetäre Gewinnmaximierung setzt, setzt eine Social-Business-Ökonomie auf eine Maximierung des sozialen und ökologischen Gewinns bei gleichzeitig hoher ökonomischer Vernunft.«

Es ist kein Wunder, dass um diese Versöhnungswelt im Kapitalismus eine ebenso lebhafte Führungs- und Leadership-Community sesshaft wurde. Ihr zufolge brauche die moderne Arbeitswelt vor allem eins: mehr Menschlichkeit. Auftritt eines Mönchs als Management-Vordenker: »Es kommt darauf an, dienen zu wollen. Die Leithammel, die vorneweg stürmen, wollen herrschen. Wer einmal einen Hirten erlebt hat, der sieht, mit welcher Fürsorge er seinen Tieren dient. Wir führen dieses Dienen zwar gerne im Mund – sprechen von der Dienstleistungsgesellschaft und schimpfen über die Servicewüste. Aber was es wirklich bedeutet, nicht nur dem Kunden zu dienen, sondern auch dem eigenen Mitarbeiter und ihm dadurch seine Würde zu geben, das vergessen manche Führungskräfte. Das Bild vom Hirten beschreibt den Archetyp der Ruhe, der Umsicht und der Verantwortung. Der Hirte ragt gut sichtbar aus seiner Herde heraus, er ist immer in der Nähe und hat alle im Blick. Für die Führungskraft übersetzt heißt das, fürsorglich sein, sich aufrichtig für seine Mitarbeiter interessieren, sich den einzelnen Menschen genau anschauen, sich auch fragen, wie es ihm privat geht. Wenn man auf den Mitarbeiter eingeht, dann ist er produktiver, weil er sich bei seiner Arbeit zugehörig und verstanden fühlt.«

Der Management-Querdenker von weiter oben lässt uns erneut tiefer blicken: »Was wir brauchen, sind ein paar verrückte Leute; seht euch an, wohin uns die normalen gebracht haben.« Mit verrückt sind jedoch nur Menschen gemeint, die ihre Gefühle im Tagesgeschäft nicht ausblenden. Die intensiv leben und sich für das begeistern, was sie tun. »Das kommt daher, dass sie das ganze Spektrum ihrer Gefühlswelt wahrnehmen können.« Das heißt nicht, dass sie sich davon leiten lassen, leicht die Kontrolle verlieren und unbesonnen handeln. Nein, »sie können mit ihren Ängsten und zwiespältigen Empfindungen umgehen. Sie besitzen ein großes Talent, sich zu beobachten und zu analysieren. Die besten Topmanager denken sehr intensiv über sich selbst nach.«

Schlussblende

Was ist also der perfekte Chef? Und wer der perfekte Manager und die perfekte Führungskraft? Bedienen Sie sich aus den Schubladen der Management- und Führungspraxis. Anything goes: Narr, Künstler, Diktator, Narzisst, Egomane, Anarchist, Verrückter, Selbstjunkie oder Hirte? Sie können als Effizienzapostel anfangen, der beim dritten Hahnenschrei jeden Zusammenhang zwischen Effektivität, Leistung und Erfolg leugnen wird. Keine Sorge, es wird niemanden mehr überraschen, dass Sie überraschende Wendungen vornehmen. Inszenierung ist alles.

Management-Godfather und mancher seiner Epigonen würden sich im Grabe oder in der Chefetage schütteln vor der Explosion an Wahrheiten. Und so gibt er uns noch abschließend mit auf den Weg: »Mach das Beste aus dem, was da ist, und hör auf, dich darüber zu beklagen, dass das nie genug ist.« Bloß, wem hilft diese Erkenntnis eigentlich noch? In einer Welt, in der alles der Fall ist.

Pop regiert die Medienwelt. Befindlichkeit und Pose, Selbstdarstellung und Lebenswelt, Bekenntnis und Identifikation haben das Zepter übernommen. Form schlägt Inhalt! Und selbst der Kunstmarkt wird immer stärker in diese Richtung domestiziert. Kunst wird zum Popevent, um das herum große Spekulationsblasen drapiert werden. Die Bedeutung des Künstlers wird auf sein öffentliches Prestige degradiert. Das wiederum vereinfacht die Zugänge der Bildungsbürger zur Kunst und macht sie offener und weiter, selbst für eindimensionale Menschen, denen jetzt wenigstens der Diskurs erspart bleibt. Der Bildungsbürger, der sich früher die Kunstszene über intellektuelle Pfade erschlossen und sie als Trägergruppe beherrscht hat, ist ein zahnloser Tiger geworden, der sich der Geschmacksduselei des Popimperialismus unterworfen hat. Der Zauber der Kunst verglüht in den Selbstdarstellungsposen moderner Popkultur.

Manager können diesbezüglich von Künstlern lernen. Sie müssten nur besser den Popkoeffizienten ihrer täglichen Selbstdarstellung stärker in den Mittelpunkt rücken. Keine Sorge: Im Diskurs wird die Führungsfrage ständig neu revitalisiert. Es wird remixt, recycelt und rebrandet. Jede Authentizität gerät unter die Räder. Alles passiert gleichzeitig und nicht. Es ist nur die Frage, wann ich wie den Diskurs missbrauche. Rein nur für persönliche Zwecke, versteht sich.

Da ist er wieder, der Strukturwandel der Öffentlichkeit. Jeder besetzt eine Rolle, die das öffentliche Schauspiel offeriert. Wenn er es nicht tut, kommt ein anderer des Weges. Es geht öffentlich immer ums Ganze und ums Nichts. Die Inhalte werden ständig belebt, Interaktion und Assoziation vervielfältigen sich, Remix und Refill von Content sind unbegrenzt. Die Einbahnstraßen-Senderwelt von früher ist vom Aussterben bedroht. Deshalb regieren heute Suchmaschinen in jedweder Größe. Sie zähmen die überbordende Fülle. Die Suchmaschine ist längst die alles beherrschende und kontrollierende Medienarchitektur geworden. Sie wird gefüttert und genährt durch ständige Interaktion und Assoziation. Wissen, Meinung, Tagesaktualität, Gedankensplitter und Theorie verbreien sich permanent aufs Neue und bringen vor allem eines nicht mehr zustande: ein vorläufiges Ende. Denn alles, was wir denken und diskutieren, ist Anfang und Ende zugleich. Dieses Paradoxon löst Aktionismus aus. Auch hier wieder: Es wird remixt, recycelt und rebrandet. Jede Authentizität gerät unter die Räder. Alles passiert gleichzeitig und nicht. Denn die Suchmaschine fragt nicht nach intellektueller Tiefe, sondern nach dem beliebigen »quick and dirty«. Es braucht schnell wirkende Contentdrogen. Dann entspannt sich die Suchmaschine und blubbert synchron mit dem Datenbrei. Ohne Unterlass. Im Hintergrund dramatisieren, skandalisieren und bewerten selbst ernannte Co-Autoren das Weltgeschehen.

Aktualisierter Text aus *Deutschland. Ein Drehbuch*
(von Peter Felixberger und Armin Nassehi).

Die Autoren und Autorinnen

Christina von Braun, geb. 1944, ist Senior Research Fellow Humboldt Universität, Selma Stern Zentrum für Jüdische Studien. Zuletzt erschien *Geschlecht. Eine persönliche und eine politische Geschichte.*

Josef Brüderl, geb. 1960, ist Professor für Soziologie an der Ludwig-Maximilians-Universität München. Er leitet den Lehrstuhl für Quantitative Ungleichheits- und Familienforschung. Zuletzt erschien *Alpinkletterführer Berchtesgaden West.*

Christopher Daase, geb. 1962, ist Professor für Internationale Organisationen an der Goethe-Universität Frankfurt und Co-Direktor der HSFK. Zuletzt erschien zusammen mit Nicole Deitelhoff »Wenn die Geltung schwindet. Die Krise der liberalen Weltordnung und die Herrschaftsproblematik internationaler Politik«, in: Rainer Forst, Klaus Günther (Hrsg.): *Normative Ordnungen.*

Nicole Deitelhoff, geb. 1974, ist Professorin für Internationale Beziehungen und Theorien globaler Ordnung an der Goethe-Universität Frankfurt sowie Direktorin des Leibniz-Instituts Hessische Stiftung Friedens- und Konfliktforschung (HSFK).

Peter Felixberger, geb. 1960, ist Programmgeschäftsführer der Murmann Publishers und Herausgeber des *Kursbuchs.* Seine Bücher erschienen bei Hanser, Campus, Passagen und Murmann. Dort auch sein wichtigstes: *Wie gerecht ist die Gerechtigkeit?*

Berit Glanz, geb. 1982, lebt als Autorin und Literaturwissenschaftlerin in Island. Zuletzt erschien ihr Roman *Pixeltänzer.*

Rafaela Hillerbrand, geb. 1976, ist Professorin für Technikethik und Wissenschaftsphilosophie am Karlsruher Institut für Technologie. Zuletzt erschien *Handbuch Technikethik*.

Lars Hochmann, geb. 1987, ist Wirtschaftswissenschaftler und arbeitet zu sozialökologischem Unternehmer(innen)tum sowie ökonomischen Natur- und Weltverhältnissen an der Cusanus Hochschule für Gesellschaftsgestaltung. Zuletzt erschien *economists4future. Verantwortung übernehmen für eine bessere Welt*.

Kathrin Klaas, geb. 1984, Polizeiwissenschaftlerin und Kriminologin (M. A.), dreifache Olympiateilnehmerin, Olympiavierte und Mitglied der deutschen Leichtathletik-Nationalmannschaft von 2005 bis 2018, Polizistin in Frankfurt am Main.

Armin Nassehi, geb. 1960, ist Soziologieprofessor an der Ludwig-Maximilians-Universität München und Herausgeber des *Kursbuchs*. Zuletzt erschien *Unbehagen. Theorie der überforderten Gesellschaft*.

Jon Flemming Olsen, geb. 1964, ist Musiker, Grafikdesigner, Autor, Schauspieler und Fernsehmoderator. Als Imbisswirt Ingo spielt er in der Grimmepreis-gekrönten TV-Serie »Dittsche – Das wirklich wahre Leben« seit 16 Jahren an der Seite von Olli Dittrich. Zuletzt erschien *Mann auf dem Seil* (als CD, Download & Stream).

Jan Philipp Reemtsma, geb. 1952, lebt und arbeitet vorwiegend in Hamburg und Wien. Er ist unter anderem Gründer und geschäftsführender Vorstand der Hamburger Stiftung zur Förderung von Wissenschaft und Kultur sowie Gründer des Hamburger Instituts für Sozialforschung. Zuletzt erschien als Mitherausgeber *Christoph Martin Wieland. Ein paar Goldkörner oder Was ist Aufklärung?*.

Thorsten Schweinhardt, geb. 1984, ist freier Radiojournalist und Blogger. Er ist Mitglied der HR-Info-Wissenschaftsredaktion. In seinem Blog *Hörfutter.com* schreibt er über Audiotainment und Blind Lifestyle.

Jan Schwochow, geb. 1968, ist freier Infografiker, Journalist und Publizist. Sein Handwerk lernte er bei den Magazinen *stern* und *Max* sowie der Berliner Agentur KircherBurkhardt. Bis 2019 Gründer und Leiter der Agentur Golden Section Graphics in Berlin (heute Sapera). Zuletzt erschien *Die Welt verstehen mit 264 Infografiken*.

Gerhard Thiele, geb. 1953, ist Physiker und war drei Jahrzehnte in unterschiedlichsten Funktionen in der Raumfahrt tätig. Im Februar 2000 war er an Bord der Raumfähre Endeavour elf Tage im All, mit dem Ziel, die Erde neu zu vermessen.

Tim Uellendahl, geb. 1993, ist Pilot auf Boeing 777, Ausbilder und entwickelt als Berater Trainings für Flugschulen, Flugbetriebe und nationale Luftfahrtämter.

DER MONTAGSBLOCK

auf kursbuch.online

Ein Gespräch mit dem »Institut für Begriffe aus der Welt von morgen«? Eine Zeitreise zu einem Abendessen mit Charles de Secondat, Baron de Montesquieu? Analytische Perspektiven auf Musik, Coronapandemie, Alltägliches? Ein Trip ins Weltall?

Inspirieren, den Schleier der Komplexität lichten, bisweilen auch irritieren – in der ab sofort wöchentlichen Kolumne MONTAGSBLOCK bietet unser Herausgeber*innen-Trio Peter Felixberger, Sibylle Anderl und Armin Nassehi eine Perspektive auf Aktuelles, Vergangenes und Zukünftiges, das einen individuellen Blick verdient.

Übrigens: Den Montagsblock gibt es auch automatisch jeden Montag per Mail.
Jetzt anmelden auf kursbuch.online.